인류 최후의 스포츠
철인3종경기

강승규 편저

전원문화사

머리말

철 인3종경기에 대한 일반인의 인식은 여러 가지로 분류할 수 있다. 아마도 일부 사람들은 한 선수가 수영과 사이클 그리고 마라톤을 연속해서 한다는 것쯤은 TV를 통해서 몇 번 소개된 적이 있기 때문에 알고 있을지도 모르겠다. 하지만 많은 사람들은 TV에서 경기모습을 잠깐 본 적은 있어도 실제 무슨 종목을 어떻게 하는지는 잘 모르고 있다. 운동에 꽤나 관심 있는 사람들도 철인3종경기에 대해서는 생소한 것이 우리의 현실이다.

또 철인3종경기를 알고 있다 하더라도 수영과 사이클 그리고 마라톤을 연속해서 한다는 것을 너무 부담스럽게 여기는 사람들도 있다. 자신들의 체력이 그에 미치지 못할 것이라고 판단하고, 일부 지구력이 뛰어난 사람들의 경기라고만 판단하기 쉽다. 하지만 철인3종경기는 경기종목에 따라 경기거리가 다양하기 때문에 누구나 다 참여할 수 있고, 한 선수가 3종목을 한다는 것, 3종목에서 쓰이는 근육이 서로 다르다는 것, 물과 스피드와 달리기를 즐길 수 있다는 것이 이 종목의 매력이 아닐 수 없다.

철 인3종경기는 일부 지구력이 뛰어난 사람들만을 위한 스포츠가 아님을 밝혀둔다. 이 경기는 조금만 훈련하면 누구나 경기에 참가하여 완주할 수 있다. 물론 제일 거리가 긴 경기에 참가하려면 어느 정도의 준비기간이 필요할 수도 있다. 하지만 마라톤에서 건강달리기(5km)와 같은 프로그램이 있듯이 이 경기도 짧은 거리의 경기가 있어 수영만 어느 정도 할 수 있으면 모든 사람들이 참가하여 완주할 수 있는 종목이기도 하다.

이 책은 이와 같이 철인3종경기에 관심은 있으나 구체적으로 무엇부터 해야 하는지 모르는 사람들을 위해서 준비되었고, 어느 정도 알고 있어도 구체적인 훈련방법을 모르는 사람들을 위해서도 훈련방법을 소개하고 있다. 또한 여러 번 철인경기에 참가했던 선수들에게는 보다 과학적인 훈련방법을 제시하고 있다.

본 인의 경우를 소개하고자 한다. 만약 철인경기에 대비한 충분한 사전지식과 적당한 훈련방법을 1년 전에만 알았어도 경기시간을 많이 줄일 수 있었을

3

것이다. 예를 들어 사이클의 안장 높이는 어느 정도가 알맞은지 몰랐고, 정확히 페달링을 하는 방법도 몰랐다. 하루에 40km를 타게 되면 처음부터 끝까지 힘으로만 페달을 밟아서 전체 소요 시간을 줄이려고 노력했다. 즉, 기어 사용보다는 힘으로 맞바람을 이겨내려고 노력했던 것이다. 또한 사이클을 연습할 때 언덕 연습을 전혀 하지 못한 것이 못내 아쉬웠다.

이와 같이 본인은 훈련방법에 아무런 사전 지식 없이 시작했던 것이다. 사이클은 물론이고 수영과 마라톤도 지쳐 포기하지 않을 정도만 유지하려고 노력했다. 1년이라는 짧은 기간 동안에 철인3종경기에 대한 모든 것을 안다고 말할 수는 없다. 하지만 현재는 1년 전보다는 많은 지식을 경기와 문헌을 통해서 습득하게 되어 보다 효과적인 준비를 할 수 있을 것 같다.

동 생의 부탁을 받고 철인3종경기에 관한 웹사이트(Web-site)를 구축하려고 필요한 문헌을 찾아 외국의 웹사이트를 이리저리 찾아다녔다. 그중에는 철인경기에 출전하기 전에 반드시 알아야 할 내용들이 많이 있었다. 훈련방법에 관한 자세한 내용도 있었다. 사이클의 자세가 왜 중요한지도 자세히 설명되어 있었다. 이러한 내용들을 하나씩 정리하기 시작했다. 혼자 또는 주변의 몇몇만 알기에는 너무도 아까운 내용들이 많았다. 그러던 중 주변의 몇 분이 차라리 그 내용을 묶어서 책으로 만들어 철인3종경기를 소개하고 보다 과학적인 훈련방법을 제시하는 것이 일반인에게 보급효과도 기대할 수 있을 것이라고 제의를 했다. 본인 역시 같은 생각을 하고 있던 차에 방학기간을 이용하여 부족하지만 작업을 시작하게 되었다.

이 글을 준비하면서 느낀 것은 한 권의 책을 만든다는 것이 얼마나 많은 노력을 필요로 하는지 다시 한 번 알 수 있었다. 이제 어느 정도의 내용이 채워졌으니 그만해야지 하고 돌아서면 꼭 포함시켜야 할 내용들이 떠오르거나 그러한 것을 발견할 수 있었다. 그 내용을 포함시키니 점점 분량이 늘어가고 있었다. 물론 오랫동안의 준비기간을 거쳐 완벽한 책을 내놓는 것도 중요하지만, 일단 출판해서 같이 운동하거나 각 분야에 해박한 전문적 지식과 경험을 갖춘 분들로부터 지적을 받고 그 부분을 수정하거나 포함시켜 차후에 더 좋은 책을 만드는 방안도 좋을 것이라고 판단하여, 부족하지만 일단 출판하기로 마음먹게 되었다.

머리말

이 책에서 철인3종경기에 대한 모든 것을 다 정리할 수는 없을지 몰라도 철인 3종경기를 처음 시작하려는 분을 비롯하여 여러 번 출전 경험이 있는 분까지 모든 계층을 대상으로 내용을 정리하려고 노력하였다. 먼저 본인의 참가기와 역사를 통하여 철인3종경기를 소개하였고, 철인3종경기를 시작하기 전에 필요한 여러 가지 운동지식과 생리학적 변화 및 이 운동에 필요한 식음료에 관한 기본적인 사항을 정리하였다. 그리고 각 종목별(수영, 사이클, 마라톤) 훈련방법과 자세 및 최신정보를 소개하고 있다.

또한 이 3종목을 체계적이고 효율적인 종합 훈련방법과 훈련계획 작성요령을 소개하고 있고, 실내와 겨울철에 할 수 있는 훈련방법을 제시하였다. 그리고 실제 경기에 임할 때 필요한 경기요령과 장비 구입 및 정비요령에 대한 내용과 경기 후 회복요령을 정리하였다. 마지막으로 철인3종경기 경기규칙을 번역하였다. 더불어 이 책의 내용은 본인의 경험을 근거로 저술된 부분과 국내에서 철인3종경기에 관한 문헌이 전무하기에 외국의 문헌을 바탕으로 편집과 정리를 한 것이다.

이 책이 나오기까지 도움을 주신 여러분을 잊을 수 없다. 먼저 어려운 출판업계의 사정에도 불구하고, 이 책을 출판할 수 있게 결정해 주신 전원문화사의 김철영 사장님과 이희정 차장님께 감사의 말씀을 드린다. 또한 이 글을 제일 먼저 받아보고 수정할 부분과 추가할 내용을 조언해 준 철인들(강동석, 강종규, 김정숙, 한기식)에게 감사드린다. 같이 운동하면서 본인의 저술에 많은 자료의 제공과 조언을 아끼지 않았던 채수원 교수님(철인, 계명대 관광경영학과)과 영양학에 관한 내용을 감수해 주신 윤진숙 교수님(계명대 식품영양학과)께 감사드린다.

마지막으로 생리학에 관한 이해에 많은 도움을 준 아내, 이시희 교수(이화여대 의학과)에게 작년 한 해 본인이 철인3종경기를 하면서 애를 태우던 것을 진심으로 사과하면서 감사의 말을 전하려 한다. 또한 자식들 중 두 명이나 나이 사십을 전후해 철인이 되게끔 건강을 허락하신 부모님과 하나님께 감사드린다.

1999년 6월
계명대학교 성서 캠퍼스에서

강승규

머리말 · 3

I. 철인3종경기란? · 13

1. 철인3종경기 참가기 · 14
2. 철인3종경기 입문 · 18
   1) 수영 · 19
   2) 사이클 · 20
   3) 마라톤 · 21
   4) 경기 종합 · 21
3. 세계철인3종경기 · 22
4. 국내의 철인3종경기 · 23
   1) 관련단체 · 23
   2) 경기 참가요령 · 23

II. 운동의 기본지식 · 25

1. 체력검진과 운동처방 · 26
   1) 체력검진 · 26
   2) 운동처방 · 26
   3) 체중감량 · 27
2. 운동생리학 · 28
   1) 운동생리학적 측면에서의 운동효과 · 28
   2) 운동할 때와 하지 않을 때의 다른 점 · 29
   3) 근육의 종류 · 30
   4) 근육의 주요 에너지원 · 31
   5) 지방의 산화 · 31
   6) 운동시 생리학적 변화 · 32
   7) 땀이 나는 이유 · 32
   8) 생리학적 관점에서의 훈련강도 · 33
3. 영양식 · 33
   1) 탄수화물 · 33
   2) 스포츠 식음료 · 36
   3) 영양식단 · 41
4. 글리세롤의 효과 · 43
   1) 글리세롤이란? · 44
   2) 기전 · 44
   3) 효과 검증 · 45
   4) 글리세롤의 복용 · 47
   5) 글리세롤의 구입 · 48
   6) 결론 · 49

차 례

5. 스트레칭 · 49
   1) 수영 전후 · 50
   2) 달리기 전 · 51
   3) 달리기 후 · 52
   4) 사이클 타기 전후 · 53

Ⅲ. 수영 연습 · 55

1. 훈련방법 · 56
   1) 훈련기법 · 57
   2) 철인경기에서의 수영 · 61
   3) 수영훈련 · 63
2. 야외수영 방법 · 65
   1) 야외수영의 특징 · 65
   2) 편안한 마음자세 · 65
   3) 주의사항 · 66
   4) 수영요령 · 67
   5) 경기요령 · 70
   6) 출발요령 · 71
   7) 파도 · 71
   8) 물보라 · 72
   9) 흐르는 물에서의 수영 · 75

Ⅳ. 사이클 연습 · 77

1. 사이클의 기본 · 78
   1) 프레임의 선정 · 78
   2) 안장의 위치 조절 · 80
2. 사이클의 자세 및 정비 · 81
3. 공기저항을 고려한 프레임 · 86
   1) 공기역학 · 86
   2) 튜브 형상 · 87
4. 사이클 공기역학 · 88
   1) 개요 · 88
   2) 공기저항 · 88
   3) 사이클 파워 모형 · 90

    4) 사이클 파워의 평가 · 91
    5) 탑승자세에 따른 공기저항 · 92
    6) 바퀴형상과 공기저항 · 95
    7) 프레임과 공기저항 · 95
    8) 사이클의 무게 · 96
    9) 앞바람의 영향 · 97
    10) 종합분석 · 98
5. 사이클링 · 99
    1) 페달링 · 99
    2) 댄싱 · 100
    3) 훈련방법 · 101
6. 근력운동 · 103
    1) 근력운동 요령 · 103
    2) 근력강화 단계 · 106
    3) 기타 · 108
7. 철인경기 참가자의 사이클 · 110

V. 마라톤 연습 · 111

1. 훈련의 기본지식 · 112
    1) 최대 산소섭취량 · 112
    2) 무산소 한계(AT) · 113
    3) 유산소 지구력 · 113
    4) 효율성 · 114
2. 인터벌 훈련 · 115
    1) Stride-Outs/Form 인터벌 훈련 · 115
    2) 리듬 인터벌 훈련 · 116
    3) 파워 인터벌 훈련 · 116
    4) 언덕 훈련 · 116
    5) 인터벌 훈련 간격 · 117
    6) 파틀렉(Fartlek) · 117
3. 달리기 시간의 예측 · 118
    1) 방법론 · 118
    2) 실제 기록과의 비교 · 120
    3) 리겔(Riegel) 예측법 · 122
4. 자세 및 훈련방법 · 123
    1) 손과 팔 · 123
    2) 보폭 · 123
    3) 착지 · 124
    4) 호흡 · 124
    5) 언덕길 훈련 · 125
    6) 훈련방법 · 126

차 례

Ⅵ. 종합 훈련 · 131

1. 탈수 예방법 · 132
2. 종합 훈련방법 · 133
   1) 요일별 훈련 일정 · 133
   2) 심박계를 이용한 훈련 Ⅰ · 135
   3) 심박계를 이용한 훈련 Ⅱ · 140
3. 연간 훈련계획 작성 · 143
   1) 작년 시즌의 분석 · 144
   2) 금년 목표의 설정 · 144
   3) 참가 경기의 우선순위 결정 · 145
   4) 주기계획 작성 · 147

Ⅶ. 실내 또는 겨울철 훈련 · 149

1. 근력운동 · 150
   1) 근력운동의 목적 · 150
   2) 근력운동의 장점 · 150
   3) 근력운동의 종류 및 방법 · 151
   4) 효과적인 근력운동 방법 · 161
2. 실내 훈련방법 · 162
   1) 유산소 기본 훈련 · 162
   2) 정확한 목표의 설정 · 163
   3) 체육관 이용 · 163
   4) 비디오 활용 · 164
   5) 다양한 훈련 · 164
   6) 파워의 배양 · 164

3. 트레드밀과 실내자전거 · 165
   1) 트레드밀 · 165
   2) 실내자전거 · 167

Ⅷ. 경기요령 및 장비 · 169

1. 경기 당일 준비물 · 170
   1) 수영 관련 · 170
   2) 사이클 관련 · 170
   3) 마라톤 관련 · 171

2. 경기요령 · 171
   1) 아침식사 · 171
   2) 경기 전 · 173
   3) 출발 전 · 174
   4) 수영 · 174
   5) 바꿈터(수영 ➡ 사이클) · 175
   6) 사이클 · 175
   7) 바꿈터(사이클 ➡ 마라톤) · 176
   8) 마라톤 · 177
   9) 경기 후 · 177

3. 사이클 부품의 효과 · 178
   1) 무게와 공기저항의 감소 효과 · 178
   2) 650c(26인치)와 700c(27인치) 바퀴 · 179
   3) 클린처와 튜블러 타이어 · 181

4. 겨울철 사이클의 정비 · 182
   1) 안장 · 183

차 례

2) 조향장치 · 183
3) 제동장치 · 184
4) 뒷바퀴 축 · 184
5) 변속기 · 185
6) 바퀴 · 186
7) 프레임 세트 · 186

5. 철인경기 후의 회복 · 186
   1) 체액의 회복과 전해질의 균형 · 187
   2) 근육 글리코겐의 재충전 · 188
   3) 육체적 회복 · 190
   4) 경기 후 주별 회복 · 190

6. 장비의 선택 · 191
   1) 신발 · 191
   2) 헬멧 · 192
   3) 웨트 슈트 · 193
   4) 심박계 · 196
   5) 퓨얼 벨트(Fuel Belt) · 196

Ⅸ. 부록 · 197

1. 철인3종경기 규칙 · 198
   1) 수영 · 198
   2) 사이클 · 199
   3) 마라톤 · 202
   4) 경기 종합 · 204
2. 철인3종경기의 역사 · 205
3. 국내의 철인3종경기 기록 · 218
4. 세계철인3종경기 예선 · 218
   1) 미국 내 예선 · 219
   2) 국제 예선대회 · 220
   3) 추첨 선발 · 221

참고 문헌 · 222

I. 철인3종경기란?

철인3종경기란 수영과 사이클 및 마라톤을 한 사람이 연속해서 하는 경기를 말한다.
영어로는 트라이애슬론(triathlon)이라고 하는데, 이는 라틴어의 3가지(tri-)와
경기(athlon)를 의미하는 합성어로서, 한 선수가 3가지 경기를 한다는 뜻이다.
1970년대에 미국에서 시작된 이 경기는 2000년 시드니 올림픽부터 정식종목으로
채택될 정도로 급속히 확산되어 전세계에 천만 명 이상의 동호인들이 활동하고 있다.
수영과 사이클 및 마라톤은 유산소성 운동으로서, 운동을 할 때 사용되는
에너지를 우리 몸에서 만들 때 충분한 산소량을 공급해 주어야 하는 운동이다.
이와 같이 철인3종경기는 3대 유산소성 운동을 한 사람이 연속해서 경기에
임해야 하므로 심폐기능과 지구력이 강해야만 완주할 수 있다. 경기거리에 따라
수영 3.9km, 사이클 180.2km, 마라톤 42.195km의 아이언맨(Ironman) 코스와
수영 1.5km, 사이클 40km, 마라톤 10km의 올림픽 코스로 구분되며,
이외에도 여러 가지 변형된 경기가 있다. 국내에서는 보통 아이언맨 코스를
철인3종경기라고 부르며, 올림픽 코스 등은 3종경기라고 부르기도 한다.

1. 철인3종경기 참가기

　동생이 2년 전에 철인3종경기에 참가하는 것을 보고 한 번 도전해 보고 싶다는 생각으로 준비를 시작한 것이 1년 전에 불과했다. 그것도 일단 수영장에서 하는 예비심사(3.9km 수영만, 사고예방을 위해 우리 나라에서만 실시)에 통과하기 위하여 한 달 전부터 수영장에서 연습해서 98년 4월에 예비심사를 통과했다. 경기는 8월에 있었기에 4개월가량 준비할 수 있는 시간이 있었지만 적당한 훈련방법을 몰랐다.

　서점에서 철인3종경기에 관한 문헌을 찾아봤으나 국내에서 출판된 것은 찾을 수 없었고, 인터넷을 통하여 막연하게 외국 자료만 모을 수 있을 뿐이었다. 사이클도 없었던 터라 사이클 전문점을 찾았지만 예상보다 비싼 가격에 발길을 되돌렸다. 결국은 국산 사이클을 사서 연습을 시작했으나 체격에 맞지 않는 것을 안 것은 연습을 시작하고 한 달이 지난 뒤였다. 사이클 전문점에 웨트 슈트(Wet Suit : 고무옷)를 구입하러 갔다가 우연히 내 체격에 맞는 중고 사이클을 발견하고 즉석에서 백만 원에 구입하였다.

　그로부터 2달간 본격적인 연습을 시작했고 하루에 약 40km씩 타면서 시간을 줄이려고 노력했다. 적당한 훈련방법과 기술적인 요령을 모르고 평지에서 같은 방법으로만 연습했던 것이다. 마라톤도 하루에 2~5km씩 연습했고 수영은 수영장에서 2km씩 연습했다. 철인3종경기 출전에 앞서 한 달 전에 올림픽 코스(1.5km 바다수영, 40km 사이클, 10km 마라톤)에 대학원생들을 이끌고 출전하여 모두 완주할 수 있었다. 하지만 아이언맨 코스(3.9km 바다수영, 180.2km 사이클, 42.195km 마라톤)에 출전하여 완주할 수 있을까?

　1998년 8월 말에 제주도에서 열린 철인3종경기에 출전하였다. 아침 7시부터 시작된 수영은 찬 바닷물과 높은 파도로 출전한 모든 선수들이 고전했다. 사이클은 같은 도로를 11번 왕복하는 것인데, 시간이 지날수록 페달에 전달되는 힘이 떨어지는 것을 느낄 수 있었다. 무더운 날씨에 갑자기 소나기가 퍼부었다. 제한시간을 1시간여 남긴 채 사이클을 끝내고 마라톤을 시작했다. 사이클을 끝낼 무렵부터 무릎 통증이 있었고, 해가 지지 않아 뛰기에는 체력소모가 많을 것 같아 마라톤의 초반은 걷기로 했다. 그 시간쯤 선두는 벌써 경기를 끝냈다고 들었다. 저녁이 되자 제주도 일원에 호우주의보가 발령되었다.

I. 철인3종경기란?

 강한 빗줄기는 목욕탕에서 강한 샤워를 하는 기분이었다. 밤이 되니 강한 빗줄기로 체온이 떨어지는 것 같았다. 약 20km 정도 남기고 무릎 통증을 무릅쓰고 가볍게 뛰기 시작했다. 앞을 분간할 수 없을 정도의 소나기는 그칠 줄 모르고 계속되었고, 암흑 속에 번개와 벼락은 인접한 곳에 계속해서 내리치는 빛으로 주위를 확인할 뿐이었다.

 도로의 일부분은 침수되어 물이 무릎까지 오는 지역도 있었다. 몸은 많이 지쳐 있었지만 어떻게 하든 완주해야 한다는 생각으로 뛰었고, 골인지점을 얼마 남기고는 힘이 솟았다. 골인지점을 통과하는 순간은 평생 잊을 수 없는 성취감을 느낄 수 있었다. 제한시간(자정, 경기 시작으로부터 17시간)을 수 분 남겨놓고 같이 연습하고 출전한 같은 대학의 채수원 교수가 마지막으로 골인하였다.

 가을학기가 시작되어 연구실에 앉았으나 경기에 대한 많은 아쉬움이 남았다. 적당한 연습방법을 모르고 출전한 것이 가장 아쉬웠다. 그때 철인3종경기 본부에서 전화가 왔다. 10월에 미국 하와이에서 개최되는 세계철인3종경기대회에 참가할 수 있느냐는 것이었다.

▲ 세계대회 수영 출발 장면

그 대회는 철인3종경기를 아는 사람이라면 꿈의 대회로서, 어떤 이는 그 대회에 출전해서 경기를 하다가 죽어도 영광이라는 말까지 한다. 본인은 국내 대회에서 입상을 해서 출전권이 부여된 것이 아니라 추천 케이스라는 것이다. 물론 참가경비는 본인 부담이었다. 적지 않은 경비였지만 다시 올 수 없는 기회로 판단하였기에 흔쾌히 받아들였다. 아내의 반대가 심했다. 제주도 시합 때 높은 파도에 수영하는 것을 보고 왜 저렇게 사서 고생하는지 모르겠다며, 눈물을 흘렸다고 주위분들이 말씀하셨다. 아내의 반대는 마지막으로 딱 한번만 출전하겠다는 각서를 쓰고 무마할 수 있었다.

꿈의 대회인 하와이 세계선수권대회는 선수단 규모뿐만 아니라 7,000여 명에 이르는 자원봉사자와 분위기는 우리 선수단을 긴장시키기에 충분했다.

이웃 일본은 182명이나 출전하는 데 반해 우리는 겨우 4명만 출전하게 되어 일본과의 저변(선수층, 관심도) 차이를 절실히 느낄 수 있었다. 역시 아침 7시에 시작된 수영은 1,553명의 선수가 동시에 출발하기 때문에 한마디로 아수라장이었다. 마치 남극의 펭귄이 동시에 바다에 뛰어든 모습과 같았다. 하지만 파도가 그리 높지 않았고 수온도 수영하기에 적당했으며, 맑은 물은 바닥의 산호초와 물고기를 구경하기에 충분했기 때문에 지겹게 느껴지지 않았다. 약

▲ 사이클 경기 모습과 해발 4,553m의 마우나케아(Maunakea) 산.

I. 철인3종경기란?

▲ 지지의 골인 장면

2km 전방에 떠 있는 배를 한 바퀴 돌아오는 수영 코스를 끝내고 나니 몹시 목이 말랐다. 사이클을 타고 목을 축이며 초콜릿으로 허기진 배를 채우며 언덕길을 올랐다.

　10월의 하와이 날씨는 몹시 무더웠다. 연습할 때 경험한 맞바람이 불기 시작했다. 사이클 코스의 맞바람은 내리막에서도 달릴 수 없는 정도였다. 가장 낮은 기어로 변환하고 페달을 밟고 있었지만 맞바람은 체력을 극도로 저하시켰다. 반환점을 20km 정도 남겨놓았을 때 선두그룹이 벌써 반환점을 돌아오는 것이 내 눈에 들어왔다. 저 선수들은 연습을 어떻게 했기에 이 맞바람에도 저렇게 빨리 탈 수 있을까?

연속된 언덕이 시작되었다. 맞바람은 덜했지만 옆바람이 강하게 불어 쓰러지는 선수도 있었다. 몇 번 포기하고 싶은 생각이 들었지만 이 대회에 참가했다는 영광과 아이들 그리고 학교 건물에 대형 현수막까지 내걸으며 분발을 당부했던 제자들을 생각했다. 절대 포기는 있을 수 없다는 각오로 계속 페달을 밟았지만 언덕을 넘으면 더 큰 언덕이 계속되었다. 연습하면서 내가 지정한 지점의 예상 통과시간이 점점 가까워졌다. 다행히 수영을 예상보다 빨리 끝냈기에 망정이지 수영마저 늦었으면 어떻게 되었을까?

반환점의 예상 통과시간은 정오였는데 20분 늦게 통과했다. 초초해지기 시작했다. 반환점을 돌고 긴 내리막에서는 빨리 달리는 것보다 강한 옆바람에 옆으로 넘어지지 않도록 조심했어야 했다. 반환점까지 가는 동안의 강한 앞바람은 뒤에서 불기 시작했다. 사이클 제한시간인 오후 5시 30분까지는 충분했다.

너무 무더워서 머리 위로 물을 부었지만 곧 증발해 버렸다. 다시 물을 얻어 온 몸에 뿌렸다. 그 물은 다리를 타고 사이클화 안으로도 들어가 발이 불기 시작했다. 오후 4시에 사이클을 끝내고 마라톤을 시작하기에 앞서 발바닥을 보니 여기저기 물집이 잡혀 있었다. 마라톤화도 제주도 대회에서 신던 것은 바닥이 얇은 것이라서, 무릎관절에 무리가 가지 않도록 하기 위해서 다소 충격이 흡수될 수 있는 새것으로 신었다. 하지만 물집 때문에 걷기도 어려웠다. 시간은 충분하였기에 서두를 필요가 없었지만 걷기에는 너무도 먼 거리였고, 제한시간을 불과 25분 정도 남겨놓고 골인할 수 있었다. 그때의 성취감과 감동을 어떻게 글로 표현할 수 있을까? 시간이 너무 많이 걸린 것이 아쉬웠지만 이 대회에서 완주한 것만으로도 만족해야만 했다.

2. 철인3종경기 입문

과연 내가 철인3종경기를 완주할 수 있을까? 우선 자신의 건강을 책임지고 있는 이에게 신체적으로 이상이 없다고 판정을 받아야 경기에 참가할 수 있다. 이 말은 전문의를 찾아가서 철인3종경기에 참가해도 될 정도의 체력수준을 유지하고 있는지를 묻고 승낙을 받아야 한다. 그 다음은 이 경기에 참여하는 데 제한이 없다는 것이다. 신장, 체중, 남녀, 배경 등에 상관없이 사이클과 같은 장비와 기본적인 준비만 되어 있으면 경기에 참여할 수 있다. 체력 다음으로 중요한 것은 반드시 완주하겠다는 굳은 의지가 필요하다.

철인3종경기에 관한 웹스터(Webster) 영영사전에 정의된 것을 보면
- triathlete : 트라이애슬론에 참가하는 선수
- triathlon : 수영과 사이클 및 마라톤을 연속해서 하는 지구력 경기라고 정의되어 있다.

철인3종경기는 수영과 사이클 그리고 마라톤을 연속해서 하는 경기라고 이미 여러 경로를 통해서 들어왔을 것이다. 이 분야에 가장 많이 열리는 경기[1]거리는 수영 1.5km, 사이클 40km, 마라톤 10km를 연속해서 하는 것이고, 이외에도 이 거리보다 짧거나 긴 경기들이 다양하게 운영되고 있다. 참가하려는 거리가 어떤 것이든 간에 일단 종목별로 기본적인 준비사항은 다음과 같다.

1) 수영

대부분의 선수들이 수영을 완전히 습득하기에 가장 어려운 종목으로 분류하고 있다. 하지만 수영을 전혀 하지 않았거나 조금밖에 할 수 없었던 선수들이 이 종목에서 우승하는 경우도 있었다.
그중 대표적인 선수로는 스콧 틴리(Scott Tinley)[2]를 들 수 있는데, 그는

---

1) 원래는 로열 코스라고 했는데, 2000년 시드니 올림픽부터 정식종목으로 채택되어 올림픽 코스라고 불리고 있음.
2) 하와이 세계철인3종경기대회 2차례 우승자.

적절한 수영강습과 근면성으로 이를 극복할 수 있었고, 물에 자신이 없는 사람들도 자신의 확고한 의지만 있다면 충분히 극복할 수 있다고 말한다. 일단 고글(goggle)과 수영복을 구입한 후 수영장을 찾는 것이 급선무다. 보통 수영장에서는 기초강습과 숙달강습반을 제공하고 있는데, 경기에 참여하려면 적어도 숙달강습을 끝낸 후에 하는 것이 좋다. 일단 수영강습을 받는 것이 이 경기에 참여하고픈 사람들이 해야 할 가장 중요한 일이다. 이와 같이 강습을 받게 되면 같이 강습받는 사람들과의 동료의식뿐만 아니라 정확한 스트로크(stroke)를 배울 수 있기 때문이다.

2) 사이클

일단 사이클과 헬멧의 구입이 문제가 될 수 있다. 어떤 종류의 사이클을 구입해야 하는지? 대부분 집에 몇 년 동안 타지 않아서 먼지가 뽀얗게 쌓인 자전거 한 대쯤 갖고 있을 것이다. 그러한 자전거를 타고 첫 번째 경기에 출전해도 상관없다. 자전거가 반드시 티타늄으로 제작된 것이고, 공기 저항을 최소화시킨 형상일 필요는 없다. 그런 자전거를 타고 출전했을 때 수영과 사이클의 바꿈터에서는 기가 죽을지 몰라도 경기 중에 자신의 자전거보다 몇 배나 비싼 사이클을 추월할 때는 그런 생각이 들지 않게 된다. 하지만 헬멧만은 좋은 것을 사야 한다. 헬멧은 머리를 보호하는 것 말고도 헬멧이 없으면 경기에 참가할 수 없다. 첫 번째 경기에서는 나머지 장비들은 생각하지 않는 것이 좋다.

자전거 코스가 언덕이 많은 난코스가 아닌 이상 가장 쉬운 종목일 것이다. 자전거 탈 수 있는 공간이 없다면 헬스클럽의 실내자전거를 이용하고 주말에는 실제 주행연습을 하는 방법도 있다. 사이클은 꾸준하게 연습만 계속한다면 다른 종목에 비해 쉽게 적응할 수 있다. 어떤 훈련방법이 경기에서 완주할 수 있냐는 의문이 있을 수 있는데, 개략적으로 설명하자면 처음과 마지막 10분에서 15분 동안은 천천히 하면서 준비운동과 마무리운동을 하는 것이 필요하다. 경기에 참가해서 완주하는 데 필요한 힘과 지구력을 갖추기 이전에 절대 다리에 무리가 가지 않도록 하면서 서서히 사이클에 적응해야 한다. 사이클 전문점에

가서 필요한 정보를 얻는 것이 가장 좋은 방법이고, 장비 구입 외에 기타 필요한 정보는 사이클 팀이나 클럽에서 얻을 수도 있다.

3) 마라톤

사이클과 마찬가지로 마라톤 역시 빠른 시간 내에 많은 요령을 터득할 수 있다. 장소의 구애를 받지 않는다. 다만 좋은 신발만 있으면 달릴 준비가 된 것이다. 마라톤의 가장 큰 문제점은 3가지 훈련방법이 귀찮고 힘들다는 것이다. 달리기에 대해 아는 것이 없거나 오랜 세월 동안 운동을 하지 않았다면 차츰 거리와 운동시간을 늘려 가는 것이 현명한 방법이다.

달리는 데 필요한 근육과 뼈가 적응하는 데는 오랜 기간이 필요하기 때문이다. 달리기 프로그램의 초기단계에서 많은 사람들이 달리기의 목표(runner's high)나 달리면서 얻는 것을 묻곤 한다. 이는 거리와 강도가 너무 높이 책정된 것을 의미한다. 달리는 것을 즐기며 무리없이 달릴 수 있을 정도가 되어야 한다. 최소한 어느 정도를 해야 하나라는 질문에 운동하지 않았던 사람은 처음에 1마일(1.6km) 정도의 걷기나 가볍게 뛰는 정도가 좋다. 2주 내지 4주에 걸쳐 3마일(4.8km) 정도로 늘리는 것이 좋고, 그 거리를 뛸 수 있으면 거리를 늘리되 일주일에 5% 이상 거리를 늘리지 말아야 한다. 3마일을 뛰고 나면 경기에 나설 수 있다고 만족하게 되고, 3종목을 어떻게 훈련할지를 고민하게 된다.

4) 경기 종합

3종경기는 별도의 3종목이 아니라 얼마나 3종목을 잘 조화시키는가가 중요하다. 자주 잊게 되지만 기본적인 것은 실질적이고 할 수 있는 훈련계획을 잘 따라하는 것이다. 자신있는 종목과 자신 없는 종목을 잘 구분해서 훈련할 것을 결정해야 한다. 얼마나 많은 시간을 훈련에 투자해야 되는지는 개인의 기량과 목표(경쟁이냐 완주냐)에 따라 다르다. 또한 개최지와 시간 등 여러 가지 제약요소에 따라 다르게 된다. 목표로 하는 경기거리가 40분에서 3시간 정도 소요되는 스프린트(Sprint) 3종경기[3]를 위한 훈련 일정을 다음에 제시하고 있다. 이것은 경쟁을 위한 참가가 아니라 완주를 위해서 참가하는 사람을 위한 훈련일정으로서, 최소한의 훈련시간을 제시하고 있다.

	월	화	수	목	금	토	일	계
가용시간(분)	60	60	60	60	60	180	180	660
수영	30~45			30~45			30	90~120
사이클			60			60~90		120~150
마라톤		30~45				15~30	30~60	75~135
소요시간	30~45	30~45	60	30~45		75~120	60~90	285~405

3. 세계철인3종경기 (Ironman Triathlon World Series)

WTC에서 주관하는 세계철인3종경기에 출전하려는 선수는 미국 내에서 개최되는 12개 대회나 연중 개최되는 8개 국제대회의 예선을 거쳐 출전권을 획득할 수 있다. 예선대회는 거리에 따라 올림픽 코스[4]나 아이언맨 코스[5]로 분류된다. 각 대회에서 연령층별 우승자는 본선 출전권을 얻을 수 있다. 어느 대회에서는 프로선수들의 출전권을 부여하기도 한다. 98년도에 코나(세계철인3종경기)에서는 약 75%의 선수가 이들 예선전을 거쳐서 출전한 선수들로 구성되

   3) 수영 800m, 사이클 25km, 달리기 5km.
   4) 수영 1.5km, 사이클 40km, 마라톤 10km.
   5) 수영 3.9km, 사이클 180.2km, 마라톤 42.195km.

I. 철인3종경기란?

었다. 세계대회에 참가하기 위한 예선과 참가요령 등, 보다 자세한 내용은 부록의 세계철인3종경기 예선의 내용을 참조하기 바란다.

4. 국내의 철인3종경기

1) 관련단체

국내에서는 WTC가 인증하는 한국철인3종경기 본부가 1990년 11월에 창립되어 1991년부터 한국철인3종경기대회 겸 WTC 세계대회 예선전을 주관하고 있으며, ITU의 회원단체인 대한 트라이애슬론연맹(대한체육회 가맹단체)은 1987년 설립되어 천안(duathlon), 이천, 속초, 격포, 부산 및 제주도 등지에서 올림픽 코스(수영 1.5km, 사이클 40km, 마라톤 10km)와 하프 코스 등을 매년 수차례 경기를 주관하고 있다. 특히 매년 한 차례 이상 ITU Point Race를 국내에서 개최하고 있어, 국내외 유망한 선수들이 대거 참여하고 있다. 한편 국내의 철인3종경기 민간 지원단체로서 한국 트라이애슬론 서비스(KTS, 전화 : 0342-702-2514)가 98년 3월에 창립되어 트라이애슬론의 보급과 발전을 위해 활동 중에 있다.

또한 지역별로 운영되고 있던 단위 클럽들이 1999년 상반기부터 철인클럽 연합회를 결성하여 상호교류와 정보교환 및 철인경기라는 공통의 목적을 추구하기로 하여 철인경기의 활성화 및 큰 발전이 기대된다.

2) 경기 참가요령

아이언맨(Ironman) 코스를 제외한 나머지 거리 경기는 대한체육회 산하 단체인 대한 트라이애슬론연맹이 주관하고 있다. 경기에 참여하려면 일단 연맹에

철인3종경기

선수등록을 의무적으로 해야 한다(전화 : 02-3431-6798). 연맹에서 교부하는 선수등록부를 받아 내용을 기재한 후 시·도 연맹이나 본부로 직접 제출도 가능하다. 아이언맨(Ironman) 코스는 철인3종경기본부(전화 : 02-437-2263)에서 주관하고 있으며, 1월부터 서울과 지방을 순회하며 매달 수영(3.9km, 제한시간 1시간 40분)만 예비심사를 치르고 있으며, 본선은 매년 여름 (주로 8월 중) 제주도 성산 일원에서 경기가 열린다.

Ⅱ. 운동의 기본지식

철인3종경기는 3대 유산소 운동이라고도 한다.
여기서 유산소 운동이란 운동을 하는 데 필요한 에너지를 만들 때
충분한 산소를 공급해 주면서 하는 운동을 말한다. 즉, 긴 시간 동안
지구력 운동을 하려면 지속적인 산소의 공급이 필요하다는 것이다.
철인3종경기에 참여하려면 사전에 준비가 필요하다. 자신의 체력조건부터
전문의의 검진을 거친 후 심폐기능을 강화할 수 있는 운동처방이 필요하다.
심폐기능을 강화하면 폐에서 각 근육으로 운반되는 산소량이 증대되어
근육에서의 산소 이용능력도 증가하여 에너지원을 생성시킬 수 있게 된다.

1. 체력검진과 운동처방

1) 체력검진

　평소에 운동을 전혀 또는 거의 하지 않던 사람이 철인3종경기에 출전한다고 주위 사람들에게 공언한다면 분명히 비웃음을 살 것이다. 철인3종경기는 고도의 유산소운동으로서 철저한 준비를 하지 않고는 경기참여 자체가 불가능하기 때문이다.
　따라서 일단 시작하려는 사람은 전문의를 찾아 혈압과 맥박 및 체내의 각 기관의 기능검사를 받는 것이 필요하다. 예를 들어 혈압이 지나치게 높은 사람은 일단 이 경기에 참여할 수 없다. 혈압이 높은 이유가 선천적이면 더욱 그렇다. 하지만 비만으로 인한 고혈압은 적당한 운동으로 체중감량을 한 후 다시 전문의의 검진을 받아 혈압을 낮추고 경기에 임할 수 있도록 하는 것이 좋다. 연령이 높을수록 의사의 사전검진은 필수적이다.

2) 운동처방

　일단 전문의의 체력검진을 마치면 운동처방을 받는 것이 좋다. 특히 나이가 40세 이후라면 반드시 운동처방을 받은 후에 운동을 시작해야 한다. 운동처방은 개인별 건강상태와 체력수준에 맞는 운동의 종류, 운동의 강도, 운동시간 및 운동빈도 등을 처방해 주는 것을 말한다. 이는 운동의 효과를 높이기보다는 운동의 안전성을 고려해야 하기 때문이다. 본인의 체력상황에 맞지 않는 무리한 운동은 오히려 몸에 해가 될 수 있기 때문이다.
　운동처방에 필요한 기본적인 검사는 여러 가지 다양한 운동강도로 신체에 자극을 가하면서 나타나는 심장과 폐의 기능적인 변화를 관찰하게 되는데, 예를 들면 맥박수의 변화, 혈압 변화, 심전도 변화, 신진대사 능력, 산소 섭취능력, 이산화탄소 배출량, 환기량, 호흡수, 피로 정도, 운동 후 회복능력, 각 근육의 기능검사 등이 포함된다. 가장 중요한 검사 내용으로는 심폐기능과 체지방검사

등이 포함되며, 장기간 운동을 지속할 수 있는 체질인지를 판단할 수 있다. 체지방의 평균은 남자의 경우 20~25%, 여자는 25~30% 정도가 평균인데 가능하면 이를 낮추는 것이 좋다. 몸에 지방이 전혀 없어서도 안 되지만 많을수록 장기간의 운동에 방해요소가 된다. 마라톤에서 체중을 1kg 줄이면 기록을 3분 단축할 수 있다고 한다. 체지방은 대략 10% 내외를 유지하는 것이 좋다. 심폐기능 역시 선천적인 것도 있지만 지속적인 운동을 통해서 어느 정도 증가시킬 수 있다. 전문적인 선수가 아닌 일반 참가자들, 특히 완주를 목표로 한다면 심폐기능이 평균인 사람은 충분히 완주할 수 있다.

3) 체중감량

철인3종경기에 출전하려는 사람들은 어지간히 체력에 자신이 있다고 판단하는 사람들이다. 그중에는 체격이 큰 사람들도 제법 있다. 사실 국내대회에서는 별로 없지만 98년도에 하와이 철인3종경기대회에서는 150kg 이상 되는 여성이 출전하여 중도에 포기했지만 사이클까지는 완주하기도 했다. 일반적으로 과체중 또는 비만은 경기에 완주할 수 없는 첫 번째 요인이 될 수 있다. 따라서 일단은 본인의 체중이 과체중 또는 비만에 포함되는 사람은 체중감량이 우선되어야 한다. 저자 역시 177cm의 키에 93kg의 몸무게였으나 경기 출전 직전인 8월까지 81kg으로 12kg의 체중감량을 실시하였다. 그런데도 체격이 저자보다 큰 선수를 거의 볼 수 없었다.

또한 웨트 슈트(wet suit)도 맞는 것이 없어 별도로 맞춰야 했고, 맞춤가게에서도 아이언맨(Ironman) 코스에 출전하려는 저자를 큰 체격 때문에 걱정하기도 했다. 저자의 경우 약 10년간의 근력운동으로 지방보다는 근육질이었기 때문에 체중감량시 지방과 함께 근육 크기를 줄이는 데 노력했다. 하지만 경기출전 전까지도 저자가 목표로 했던 75kg까지 감량하는 데는 실패했다. 만약 그 정도까지 줄였다면 보다 좋은 기록과 무릎 통증도 없었을 것으로 기대된다. 아무튼 경기에 출전하려는 사람들은 일반적으로 현재 체중보다는 많은 감량을 해야만 완주가 가능할 것이다.

체중을 감량하기 위해서 흔히 사우나에서 땀을 빼는 것으로 착각하는 사람들이 많다. 운동생리학자들에 의하면 운동에서 흘리는 땀과 사우나에서 흘리는 땀의 성분이 다르다고 한다. 체중감량을 위해서 무리하게 사우나에서 땀을 뺄 경우에는 탈수증세가 나타나 몸에 무리가 올 수도 있다. 탈수가 체중의 3% 정도 발생하면 신체의 모든 생리적인 기능이 감소하고, 5% 이상 감소되면 무기력해지며, 8% 이상 탈수되면 생명을 잃을 수도 있다. 체중을 줄이기 위해서는 체내의 수분을 빼는 것보다는 지방을 태워야 하고, 지방을 태우기 위해서 산소가 필요하다. 즉, 운동을 통해서 많은 산소를 흡입해야만 많은 지방을 태울 수 있다.

2. 운동생리학 [6]

철인경기에 참여하려는 사람들은 운동을 하게 되면 생리학적으로 우리 몸에서 어떠한 변화가 일어나는지를 알아야 한다. 특히 혼자 연습하는 선수에게는 더욱 그렇다. 연습할 때 심박수에 관한 것보다 먼저 훈련에서 입증된 과학적인 기본지식부터 알고 넘어가는 것이 필요하다.

1) 운동생리학적 측면에서의 운동효과

운동생리학은 안정시와 운동 중에 각 세포로부터 기관까지 운동능력을 증가시키고 건강을 다지는 신체에 관한 연구를 하는 학문이다. 운동을 하는 데 필요한 골격근육과 신경이 있지만 얼마나 길게 얼마나 강하게 운동선수가 운동할 수 있는가는 심장, 혈관, 폐, 그리고 활동조직으로 피를 공급하는 이들 기관의

---

[6] 자료 : Mickleborough, T., "Exercise Physiology," Triathlete, Janurary 1999, p.46-48
　　자료 : http://maraton.chosun.com/class/sports_med.html(조선일보 마라톤 교실)

조직화된 활동에 달려 있다. 심폐기능이란 심장의 펌핑능력과 혈관의 공급능력을 의미한다. 혈액은 폐로부터 가스교환이 이루어지는 지점에 다다르고 몸 전체를 순환한다. 혈관 벽에 가해지는 압력은 기존 혈액의 양과 혈액 벽에 가해지는 근육통에 의해서 결정된다. 예를 들면 운동을 하게 되면 골격근육에 연결된 혈관은 팽창하고 이 근육에 혈액을 공급한다. 폐에 더 많은 공기가 공급되면 폐에 흐르는 혈액이 증가하고 폐를 거쳐 심장으로 돌아오는 정맥에는 산소만 있고 이산화탄소는 거의 없다. 따라서, 혈액량과 흐름, 혈액가스(산소와 이산화탄소의 동화작용), 혈압 및 혈액분포는 운동할 때 변화수요에 맞춰 공급되는 구조에서 활동한다. 운동을 통해서 심장근육을 발달시켜 혈액의 공급을 원활하게 하는 것이 필요하다. 선천적으로 큰 심장을 갖고 태어난 사람은 철인경기와 같은 지구력 경기에 유리할 수밖에 없다. 정상인은 심장의 직경이 약 10cm에 불과한 반면 우리 나라의 대표적인 마라토너인 이봉주 선수는 심장의 직경이 15.5cm에 달한다고 한다. 일반인들이 한 번의 심장박동으로 110~120mℓ의 혈액을 뿜어내는 데 반하여 큰 심장은 그 양이 180~200mℓ나 된다고 한다. 누구나 큰 심장을 갖고 싶어하나 선천적이고, 성장기의 운동선수는 훈련을 통하여 그 크기를 약 23% 정도 늘릴 수 있다고 한다. 성인의 경우에는 심장의 크기를 늘리는 것은 불가능하고 꾸준한 운동을 통하여 심장근육을 발달시켜 수축력을 높이는 것은 가능하다.

2) 운동할 때와 하지 않을 때의 다른 점

생리학적인 관점에서 휴식을 취할 때와 강도 높게 운동할 때를 비교하면 안정적인 상태로부터 경기할 때까지 신체의 수행능력을 적절히 증가시키는 것이 매우 중요함을 이해하게 된다. 아마 가장 인상적인 것은 조직에서 소비하는 산소량의 증가일 것이다. 안정시 평균 산소소비량은 3.5mℓ/kg/min[7]이 되므로 체중 60kg인 선수는 210mℓ/min이 된다. 같은 체중의 잘 훈련된 남자선수

---

7) 분당 체중 1kg당 산소소비량.

의 경우 산소소비량은 85mℓ/kg/min까지 증가하고, 이는 거의 5L/min[8]이 더 많은 셈이다. 잘 훈련된 선수의 분당 최대 산소소비량[9]은 운동을 하지 않는 사람보다 2배가량 많다. 일례로 일반인의 최대 산소소비량은 45mℓ/kg/min에 불과하나 체육과학연구원에서 측정한 이봉주 선수의 최대 산소소비량은 78.6 이었고, 마라톤 세계신기록을 보유한 에티오피아의 딘사모는 80.6, 황영조 선수는 82.5mℓ/min이라고 한다. 분명히 입에서 근육에 있는 미토콘드리아 (mitochondria)까지 산소를 이동시키는 조직활동은 거대한 것이다.

미토콘드리아는 근육조직의 발전소(power house)라고 불리우며, 운동능력과 상태는 미토콘드리아의 전체 대사능력과 일부 관련이 있다. 각 미토콘드리아는 식품에 들어 있는 에너지를 운동에너지로 변환시키는 데 관여하는 다양한 형태의 효소를 가지고 있다. 이는 아데노신 3인산염(adenosine triphosphate, ATP)이라는 분자의 도움에 의한다. 이러한 ATP는 근육섬유 자체에 저장돼 있기도 하고 근육 자체에서 생성되기도 한다.

3) 근육의 종류

같은 근육섬유라도 그 근육이 발휘할 수 있는 능력이 다르다. 근육섬유의 색깔이 붉은 색을 띠거나 흰색일 수 있는데, 지근성 근육인 붉은 색의 근육섬유는 모세혈관이 잘 분포되어 있기 때문이며, 이로 인해 혈액공급이 원활하게 이루어진다. 반면에 흰색의 근육섬유는 속근성 근육이라고 하며, 수축속도가 매우 빠르나 혈액공급은 상대적으로 부족하여 오랫동안 운동할 수 없다. 두 근육의 좋은 예로 비둘기와 닭을 비교하면, 멀리 날아갈 수 있는 비둘기는 붉은 색의 근육이 대부분인 반면, 잘 날아갈 수 없는 닭은 흰색의 근육섬유가 대부분이다. 다른 예로는 생선을 들 수 있다. 사람들이 즐겨 먹는 생선회는 대부분 흰색으로 속근성 근육이며 재빨리 도망칠 때 이용되고, 정상적으로 유영할 때는 지느

---

[8] $(85-3.5) \times 60 = 4890$mℓ $= 4.89\, l$.
[9] 보통 VO_2max라고 표현함.

러미를 이용하기 때문에 지느러미 부근의 살은 붉은 색을 띠고 있다. 따라서 철인경기와 같은 강한 지구력이 요구되는 경기에 참여하려는 사람은 붉은 색의 지근성 근육이 많아야 유리하다. 반면에 속근성 근육이 많은 사람은 지구력 경기보다는 단거리 달리기와 같이 무산소 운동에 소질이 있게 된다. 이러한 근육섬유는 선천적인 요소로서, 훈련으로 수나 비율을 증대시킬 수 없고 운동을 통해서 근육섬유의 크기를 증대시켜 에너지의 축적능력을 배양할 수는 있다.

4) 근육의 주요 에너지원

근육의 가장 주된 에너지원은 글리코겐이고, 음식을 섭취하면 근육과 간에서 탄수화물이 저장된 상태로 남게 된다. 글리코겐은 산소와 반응하여 에너지원으로 ATP를 생성한다. 근육이 수축하려면 ATP가 필요하다. 산소 없이도 ATP가 잠시(3~5초) 동안은 생성될 수 있다. 그러나 이로 인하여 생성되는 것은 젖산이다. 이를 무산소(anaerobic) 호흡이라 한다. 대표적인 무산소 운동으로는 역도와 같이 단시간 내에 엄청난 힘이 필요한 운동을 들 수 있다. 운동선수에게는 근육에 전달할 수 있는 산소의 양을 최대로 하여 글리코겐이 산화할 수 있도록 하는 것이 좋다.

5) 지방의 산화

근육세포의 주변에는 지방(triglyceride)분자라고 불리는 순환되는 지방덩어리가 존재한다는 것이다. 이 분자는 3가지 지방산 분자와 하나의 지방(glyceride)분자와 연결된 화학구조를 하고 있다. 근육이 수축하는 데 필요한 에너지를 공급하기 위하여 이 분자는 특수효소에 의해 부서져서 유리지방산(free-fatty-acid)과 글리세롤(glycerol)로 변화되어야 한다. 유리지방산 분자는 혈관 내에 들어가 미토콘드리아까지 도달하게 된다. 글리세롤 분자는 간에서 포도당을 생성하는 데 쓰인다. 이 두 가지 과정은 철인경기나 마라톤 등 장시간 운동을 하는 동안 에너지를 공급하는 중요한 과정이다.

6) 운동시 생리학적 변화

숨쉬기는 최소 분당 12회에서 운동시 40~50회까지 증가한다. 전체 공기 소비량은 분당 6l에서 180l까지 30배까지 증가하고, 세계적인 마라토너는 270l 정도 된다고 한다. 심장을 통해서 배출되는 혈액의 양은 안정시 분당 5l에서 심하게 운동할 때 분당 40l 이상 8배나 많이 배출된다. 골격근육은 필요한 혈액공급량이 안정시 20%에서 심하게 운동할 때 85%까지 증가한다 (안정시 분당 1.2l에서 운동시 22l까지).

따라서 장기(viscera) 등 다른 조직들은 혈액공급이 차단되고 골격근육이 필요로 하는 혈액을 공급받게 된다. 활동하는 근육의 경우에는 안정시보다 20배나 많은 산소가 공급된다. 이와 함께 폐를 통하여 가스로 배출되는 이산화탄소와 같은 휘발성 산, 젖산과 같은 비휘발성 산 등 신진대사에 의한 배설물을 운반해야 한다. 마찬가지로 열에너지는 시간당 1,194kcal로 100배까지 증가하는데, 기온이 높으면 더 증가한다.

7) 땀이 나는 이유

더운 날에는 시간당 2l 이상의 땀이 증발하여 열의 방출을 돕는다. 열손실은 표피에 있는 확장된 혈관을 통과하면서도 발생한다. 땀으로 나가는 체액손실은 대부분 혈장이 운반하고 땀이 많이 배출되면 혈액의 양이 줄어들어 에너지원을 보충하게 하고, 활동 근육에 산소를 공급하도록 한다.

8) 생리학적 관점에서의 훈련강도

유산소와 무산소 상태를 정확히 조화시킬 수 있는 훈련 프로그램은 다음과 같다.

① 모든 종류의 근육에서 탄수화물과 지방을 산화시킬 수 있는 미토콘드리아 효소를 증가시켜야 한다.
② 근육 모세혈관을 발달시켜 활동 근육으로의 혈액공급을 원활히 한다.
③ 6개월 이상의 강도 높은 훈련기간 동안 젖산을 적게 만들고 제거능력을 강화하도록 근육의 미토콘드리아 호흡능력을 증가시킨다.

긴 훈련기간 동안 이러한 순환과 신진대사 활동은 운동 중 탄수화물의 산화를 적게 하고, 지방산물의 미토콘드리아 능력을 증가시킨다. 오랜 동안의 강도 높은 훈련을 통해서 글리코겐을 절약하는 효과는 매우 중요하다.

3. 영양식

1) 탄수화물[10]

대부분의 지구력 경기를 하는 선수들은 탄수화물에 의해 경기력이 크게 좌우된다. 선수들의 식단 중 80~90%는 탄수화물이 함유된 음식이다. 그들은 탄수화물을 조금씩 섭취하면 그 다음날은 초인적인 힘을 갖고 잠에서 깨어나는 줄 알고 있으나, 탄수화물은 적절한 영양식에서 매우 중요한 영양소이지만 반드시 그렇지만은 않다. 탄수화물의 과다섭취에 대하여 좋은 점과 나쁜 점을 지적하고자 한다.

---

10) 자료 : http://members.aol.com/hattrick11/work.htm

탄수화물이 지구력 경기를 하는 선수들에게 어떠한 영향을 미치는지를 이해하기 위하여 운동 중 신체에 어떤 반응이 나타나는가에 대하여 기본적인 이해가 필요하다. 신체에는 약 1,500에서 2,000kcal를 간과 근육에 글리코겐으로 저장할 수 있다. 신체를 움직이면 운동 중에 시간 당 평균 600~1,000kcal가 소모되기 때문에 에너지원을 2시간마다 보충해야 한다. 따라서 운동을 하면 신체에서는 에너지원으로 축적된 글리코겐을 사용한다. 약 2시간이 지나면 글리코겐이 고갈되기 시작하고 결국에는 이 시점에서 글리코겐이 바닥나게 된다. 운동 중 고비 또는 마의 장벽이라는 말을 들어왔다. 고비라는 말은 이전에 갖고 있던 에너지를 더 이상 발휘할 수 없는 것과 동시에 심박수를 증가시킬 수 없는 상태라고 쉽게 이해할 수 있다.

간단히 설명하자면 그 과정의 이해가 매우 중요하다는 것이다. 다음 훈련이나 경기 전에 적정량의 탄수화물을 정확한 시간에 섭취하는 것이 필요하다. 이 분야의 연구결과에 따르면 지구력 경기를 하는 선수들의 식단은 40%에서 60%까지는 탄수화물로 구성되어야 한다. 이 양은 평균 400에서 600g의 탄수화물을 섭취하는 것에 해당된다. 훈련 중에 탄수화물을 섭취하는 양보다는 섭취하는 시간이 더 중요하다. 훈련 후 20에서 60분에는 몸에서 많은 양의 탄수화물을 섭취할 수 있는 시간이다. 연구결과에 따르면 훈련 후 1시간 동안에 소모된 글리코겐의 80%를 보충한다고 한다. 그 이후에는 서서히 보충하게 된다.

따라서 훈련 직후 탄수화물을 보충해 주는 것이 매우 중요하다. 대부분의 전문가들은 격렬한 운동을 한 후 1시간 이내에 80 내지 100g의 탄수화물을 보충해야 한다고 믿고 있다. 이렇게 보충해 줌으로써 다음날의 훈련에 대비하고 다음날 훈련할 때 고생하지 않는다고 한다.

하지만 과도한 탄수화물의 섭취는 몇 가지 부정적인 측면도 있다. 첫 번째는 과도한 탄수화물의 섭취는 체내에 지방으로 축적될 수 있다. 지방으로 인한 과체중은 철인3종경기에서 시간지연을 초래한다. 두 번째는 신체에서 복합인슐린이 반응하기 때문에 탄수화물을 많이 섭취해도 포만감을 느낄 수 없고 금방 배고픔을 느끼게 한다. 마지막으로 탄수화물은 근육경련을 멈추게 하는 데는 좋지 않다. 따라서 많은 양의 탄수화물과 적은 양의 단백질 식단은 근육경련을 유발시킬 수 있고 과도한 훈련을 소화시킬 수 없게 한다.

II. 운동의 기본지식

 지구력 경기를 하는 선수들은 탄수화물을 섭취해야 10km당 30초를 줄일 수 있다고 들어왔기 때문에 다른 영양소는 소홀히 하거나 잊고 있고, 많은 탄수화물의 섭취가 매우 중요하다고 믿고 있으나 사실은 그렇지 않다.
 단백질은 근육의 유지와 강화에 필요한 영양소이다. 영양권장량(RDA)에 따르면 인간은 건강을 유지하기 위해서 하루에 60g의 단백질을 소모한다고 한다. 이 양은 인간이 움직일 때 사용하는 근육에서 파운드(0.45kg)당 0.67g의 단백질이 필요한 것과 같다. 많은 선수들이 이 같은 사실을 알고 있으나 중요한 사실을 잊고 있다.
 최근에 운동의학 분야의 전문가들이 운동선수들에게 필요한 처방을 제시하고 있는데, 그들에 의하면 중간 정도에서 높은 정도의 운동선수들은 순수 근육 1파운드당 1~1.5g의 정량 단백질을 소비한다고 한다. 예를 들면 10%의 체지방을 가진 200파운드(180파운드의 순수 근육으로 구성)의 선수는 180에서 260g의 단백질이 매일 필요하다는 것이다. 이것은 많은 것처럼 보이지만 식단에서 단백질의 보충은 쉽게 할 수 있다. 건강식품 센터에서 단백질을 많이 함유하고 있는 약품을 구입해도 되고, 음식으로는 달걀의 흰자와 생선, 땅콩과 육류 등을 섭취함으로써 단백질을 보충할 수 있다.
 지난 수십 년 동안 의사와 영양학자들은 지방을 지나치게 섭취하면 심장마비와 고혈압 및 비만의 원인이 된다고 경고했다. 그 의견이 틀린 것은 아니지만 지방 역시 장거리 운동선수에게는 필요한 영양소 중의 하나이다. 지방은 많은 에너지원이 되기 때문이다. 우리의 몸에는 약 2,000kcal의 탄수화물과 20,000kcal의 지방을 에너지원으로 축적할 수 있다. 우리의 식단에는 약 10%에서 30%까지의 지방을 포함하고 있다는 것이 중요하다. 이를 충족시키기 위해서 버터 조각을 먹으라는 것이 아니라 단백질 식품을 섭취하면 지방섭취는 필요 없다. 거의 모든 단백질 식품은 일정량의 지방을 포함하고 있기 때문에 거의 필요한 양의 지방을 저절로 섭취하게 된다.

2) 스포츠 식음료

인체의 모든 근육은 산소공급이 필요하다. 산소는 혈액 내의 적혈구에 의해서 공급되는데, 혈액 내의 소금농도가 0.9%에서 적혈구의 기능이 활발하다고 알려져 있다. 운동을 하게 되면 땀이 나게 되고 혈액 내의 소금농도가 저하된다. 이때 소금성분이 있는 음료를 마셔서 혈액의 소금농도를 높여 주는 것이 필요하고, 이 점을 착안한 것이 요즘 시판되고 있는 스포츠 음료이다. 이들은 소금농도가 약 2~3% 정도로서 체내에서 흡수가 빠르고 혈액의 소금농도를 다시 높여 주기 때문에 땀을 많이 흘리는 운동을 지속적으로 할 경우에는 충분한 산소공급을 위하여 마시는 것이 좋다.

(1) 스포츠 음료의 섭취[11]

1965년에 게토레이가 첫 선을 뵌 이래 초창기의 모든 스포츠 음료에 대한 실험이 성공적이진 못했다. 첫 번째 조제는 미국 오레곤(Oregon) 대학의 전설

---
11) 자료 : Murphy T.J., "The Essential Guide to Sports Drinks," Triathlete, October 1998, p.64

II. 운동의 기본지식

적인 육상코치인 빌 바워맨(Bill Bowerman)이 1972년 올림픽 마라톤을 위하여 케니 무어(Kenny Moore)를 훈련시키면서 시작되었다. 바워맨은 몇 가지 재료를 물에 섞어서 전해질을 대신해서 물과 탄수화물을 보충하기 위하여 무어의 훈련성과를 높이려 했다. 그 음료수가 어떤 결과를 낳게 되나를 확인하기 위해서 바워맨은 무어에게 트랙에서 오랫동안 강도 높은 훈련을 시킨 후에 훈련을 멈추고 바워맨으로 하여금 제조한 음료를 마시게 했다. 무어는 그 음료수를 마지못해 꿀꺽 마셨으나 즉시 몸을 비틀면서 마신 것을 토해 버렸다. 바워맨은 그래도 그 음료수가 기록을 단축시킬 수 있다면 복용해야 한다고 말했다. 그는 직접 그 음료수를 조금 마신 후에 말하기를 맛이 양의 오줌과 같다고 했다.

탈수를 방지하고 에너지를 보충하기 위한 스포츠 음료로서 가장 중요한 점은 맛이다. 맛이 없다면 충분히 마시려고 하지 않을 것이다. 스포츠 음료가 믿을만하고 비법에 의해서 제조되었으며, 연구입증까지 마친 것이라도 맛이 역겹다면 그 음료보다는 다른 음료를 마실 것이다. 따라서 스포츠 음료를 선택하고 섭취할 때 다음과 같은 것을 고려해야 한다.

① 맛이 중요하다. 맛은 사람의 여건에 따라 다르다. 조금 더 구체적으로 말하면 운동할 때 느끼는 맛과 점심시간에 의자에 앉아서 느끼는 맛이 다르다는 것이다. 일반(soft) 음료나 과일주스의 문제점은 단맛을 증가시키고, 그 맛은 운동 중에 경기력을 감소시킨다. 반대로 말하면 보통 스포츠 음료는 일반 음료보다는 맛이 떨어진다는 것이다.

② 제공될 음료수에 미리 적응하라. 목표로 하는 경기에서 제공될 음료수에 적응해야 한다. 물론 모든 사람의 입맛에 맞출 수는 없다. 대부분의 철인경기는 시합 전 어느 시점에서 제공될 음료수를 밝힌다. 운이 좋으면 평소 좋아하던 음료수일 수 있고 최소한 입맛에 맞을 정도일 수도 있다. 입맛에 맞지 않으면 훈련 중에 특히 장시간 훈련 중에는 마시는 것도 연습해야 한다. 그렇게 해야만 위도 그 음료수에 적응할 수 있고, 점차 그 음료의 맛도 알게 된다.

③ 충분히 섭취하라. 충분한 수분의 공급은 경기 당일 아침이 아니라 일 주일

전부터 필요하다. 특히 경기하는 곳이 아주 더운 지방이라면 더욱 그렇다. 항상 음료수병을 차고 그 안에 물이나 스포츠 음료를 넣고 다녀야 한다. 조금씩 마시지 말고 탄수화물을 섭취하듯이 수분을 충분히 섭취해야 한다. 깨끗하고 투명한 소변 색깔은 섭취를 잘 하고 있다는 것을 의미한다.

④ 일찍 마시고 자주 섭취하라. 수분이 부족하면 경기력이 크게 떨어지기 때문에 음료수를 걱정하지 않는다는 것은 큰 착각이다. 따라서 음료수는 일찍 그리고 자주 섭취하는 것이 좋다.

⑤ 섭취량은? 연구결과에 의하면 음료수의 적절한 섭취방법은 매 15분마다 250에서 300cc 정도를 마시는 것이다. 이 양은 다소 많은 것 같지만 훈련을 경기의 연장으로 보는 것이다. 실제 보급소의 간격도 이와 일치한다. 신체도 그 과정에 돌입하게 되고 경기력의 저하도 최소화할 수 있다.

⑥ 어떻게 만들어지나? 스포츠 음료의 비법에 대한 가장 정확한 답은 두 가지로 요약할 수 있다. 과학의 발전과 개인 차이를 극복한 것이다. 현재까지의 연구결과는 6 내지 8%의 탄수화물 농도가 운동하기에 적당하다고 한다. 그 정도가 위장에 부담없이 최적 수분과 에너지의 보충에 적당하다고 한다. 연구결과는 그보다 높은 것도 경기력을 저하시킨다고 한다. 중요한 전해질 관련 재료는 소금이다. 소금은 맛을 증가시키고 수분의 흡수를 촉진시키며, 혈중 염분농도가 낮아서 발생하는 염분 저하증(hyponatremia)을 방지한다.

⑦ 스포츠 음료의 기능은? 경기 중에 음료수를 마시는 목적은 탈수와 염분 저하증(hyponatremia)을 방지하고 저장된 글리코겐의 고갈을 막을 탄수화물을 보충하기 위함이다. 이는 장거리 경기에 매우 중요한 사항이고 경기에서 빠르고 안전하게 하기 위함이다.

II. 운동의 기본지식

(2) 스포츠 식품[12]

지난 20년간 스포츠 식품은 놀랄 만큼 발전해 왔다. 1970년 미국 플로리다 대학에서 게토레이가 첫 선을 보였고, 현재는 많은 식품을 접할 수 있게 되었다. 이 분야는 이제 음료뿐만 아니라 다른 종류까지도 출시되었는데, 탄수화물 보충제, 회복음료, 스포츠 바, 에너지 젤까지 다양하다. 이제는 글리세롤을 포함한 식품까지 등장했는데, 이것은 몸을 마치 물을 흡수하는 스펀지와 같이 만들어 주는 것이다. 너무 많은 종류가 소개되어 헛갈림을 방지하기 위하여 스포츠 식품을 정리하면 다음과 같다.

① 스포츠 음료

게토레이(Gatorade)를 제외하고 엑시드(Exceed), 파워에이드(PowerAde), 하이드라 퓨얼(Hydra Fuel), 사이토맥스(Cytomax), 올 스포츠(All Sports), 보디 퓨얼(Body Fuel), 인듀라(Endura), 스포톨라(Sportola), 10K 등이다. 이들 음료의 공통적인 성분은 낮은 탄수화물과 염분농도를 들 수 있다. 이들 음료들은 위에서 흡수될 수 있는 소장까지 빨리 이동하는 것으로 확인되었다. 스포츠 음료는 1시간 이상 운동할 때 필요하다. 땀 배출량과 기온에 따라 다르지만 한 선수가 보통 시간당 1병(550cc) 정도 섭취한다. 몇 번 많이 마시는 것이 조금씩 여러 번 섭취하는 것보다 효과적이다. 최근에는 스포츠 바인 파워 바(Power Bar)를 마실 수 있게 용기에 넣은 파워 바 퍼폼(Power Bar Perform)을 시장에 내놓았다. 기존의 파워 바(Power Bar)는 물과 함께 마셔야 하는 불편함이 있었는 데 반해 음료수는 바로 마실 수 있고 효과는 복용 직후 나타난다고 한다.

② 탄수화물 보충제

1980년대 초에 마라톤과 같은 지구력 경기를 하기 전에 복용할 수 있는 탄수화물 보충제로서 출시되었고, 그 회사에서는 파스타처럼 건더기가 없어서 빨리 소화될 수 있는 음료수라고 선전하였다. 이런 부류의 음료수로는 울트라 퓨얼(Ultra Fuel), 프로옵티볼(ProOptibol), 게이터로드

---

12) 자료 : Friel, J., "High Octane Sports Fuels," http://www.bpr.com/triathlon/fuels.htm

(GatorLode), 엑시드(Exceed) HCS, 게이터프로(GatorPro), 메타볼롤(Metabolol), 인듀라 옵티마이저(Endura Optimizer) 등이 있다. 이러한 음료수들은 경기 3일 전부터 섭취하며 2시간 이상 효과가 있다. 이것들은 몸에 탄수화물을 더 축적하여 피로를 덜 느끼게 한다. 성분은 탄수화물 외에도 약간의 지방과 단백질을 함유하고 있다. 이들 보충제는 16온스(480cc) 분량에 약 400kcal 정도를 발휘할 수 있다. 철인경기와 같이 4시간 이상 계속되는 경기에서 일부 선수들이 사용하고 있다. 주의할 점은 지방을 3g 이상 복용하면 흡수를 지연시켜 탈수를 일으킬 수 있다.

③ **회복음료**

보충음료와 회복음료는 같은 점이 많다. 공통적인 것은 긴 지구력 경기 후에 빠른 회복을 위하여 탄수화물과 함께 다량의 단백질을 첨가한 것이다. 운동을 통해서 고갈된 에너지는 단백질이기 때문이다. 보충시기가 늦으면 근육이 경직되고 회복기간이 길기 때문이다. 이 범주로 분류할 수 있는 음료는 샤클리 피트니스(Shaklee Fitness), 샤클리 피지큐(Shaklee Physique), 핫 스터프(Hot Stuff), 니트로 퓨얼(Nitro Fuel), 파워 서지(Power Surge), 파워 옵티볼(ProOptibol), 뉴트라멘트(Nutrament), 메타볼롤(Metabolol) 등을 들 수 있다. 이들을 이용하여 가장 좋은 효과를 거두려면 운동 후 2시간 이내에 섭취해야 한다.

④ **스포츠 바**

1980년대 중반에 파워 바(Power Bar)가 출시되었다. 일반 과자처럼 생겼지만 주된 성분은 지방성분이 없이 모든 단백질과 탄수화물이다. 대부분은 운동에 필요한 3g 이하의 지방성분을 함유하고 있고, 일부는 그 이상을 함유하고 있다. 예로는 파워 바(Power Bar), 사이토 바(Cyto Bar), 게이터 바(Gator Bar), 엑시드 스포츠 바(Exceed Sports Bar), 스포톨라 스포츠 바(Sportola Sports Bar), 퍼포먼스 바(Performance Bar) 등이다. 이들 바는 90분 이상 운동하는 데 사용된다. 이것들의 단점은 흡수율이다. 바 한 개를 먹을 때마다 240~480cc 정도의 물을 섭취해야 하고, 근육이 제대로 역할을 하기 위해서는 30분 이상 소요된다는 것이다.

⑤ 젤

가장 최근에 나온 것은 찢어서 빨아먹을 수 있는 조그만 주머니에 담긴 젤이나 끈적끈적한 액체다. 이들의 가장 좋은 점은 작은 비닐봉지에 담겨 있어 사용하는 데 편리하고, 1개가 약 100kcal의 열량을 발휘한다는 것이다. 이 범주에 속하는 것은 리로드(ReLode), 팩킷 로켓(Packet Rocket), 구(Gu), 스퀴지(Squeezy) 등이다. 1시간 이상 운동하는 동안 1봉지를 30분마다 먹되 240~300cc의 물과 함께 먹으면 된다. 4시간 이상 계속되는 경기에서는 매 15분마다 1개를 섭취한다.

3) 영양식단

모든 운동과 마찬가지로 철인경기에서도 영양식은 경기에 임하는 데 필수적이다. 다음 그림은 한국영향학회에서 제안하는 한국인의 영양권장량[13]으로서, 대략 그림에 나타난 비율로 섭취하는 것이 모든 영양분을 균형 있게 보충할 수 있다. 탑의 밑부분으로 갈수록 많이 섭취하는 것이 좋다. 이와 같이 섭취한다면 경기에 필요한 충분한 영양분을 공급받을 수 있다.

이번에는 훌라맨(Hulaman)의 영양식[14]을 소개하기로 한다. 그는 피라미드 형태의 식단을 짜서 실행하고 있다. 식단의 구성을 살펴보면 다음과 같은데, 우리 나라 사람들이 즐겨 먹는 식단으로 재구성한 것이다. 그가 제안하고 있는 영양식은 앞의 그림에서 제시된 것과 유사한 것으로서 탄수화물이 많은 곡류나 전분류의 섭취를 강조하고 있다. 그는 70%의 탄수화물, 20%의 단백질, 10%의 지방을 섭취하고 있는데, 가족 중 심장병을 앓은 경험이 있기 때문이다. 그런데 그가 제안하고 있는 새로운 방법은 이를 40 : 30 : 30으로 한다는 것이고, 이를 세계적인 선수나 어린 선수 또는 훈련 중에는 그와 같이 하라는 것이다. 하지만 지방을 너무 오래 섭취하는 것은 추천하지 않는다고 한다. 그

---

13) 한국인 영양권장량, 한국영양학회, 1995.
14) 자료 : http://www.hulaman.com/nutri.html

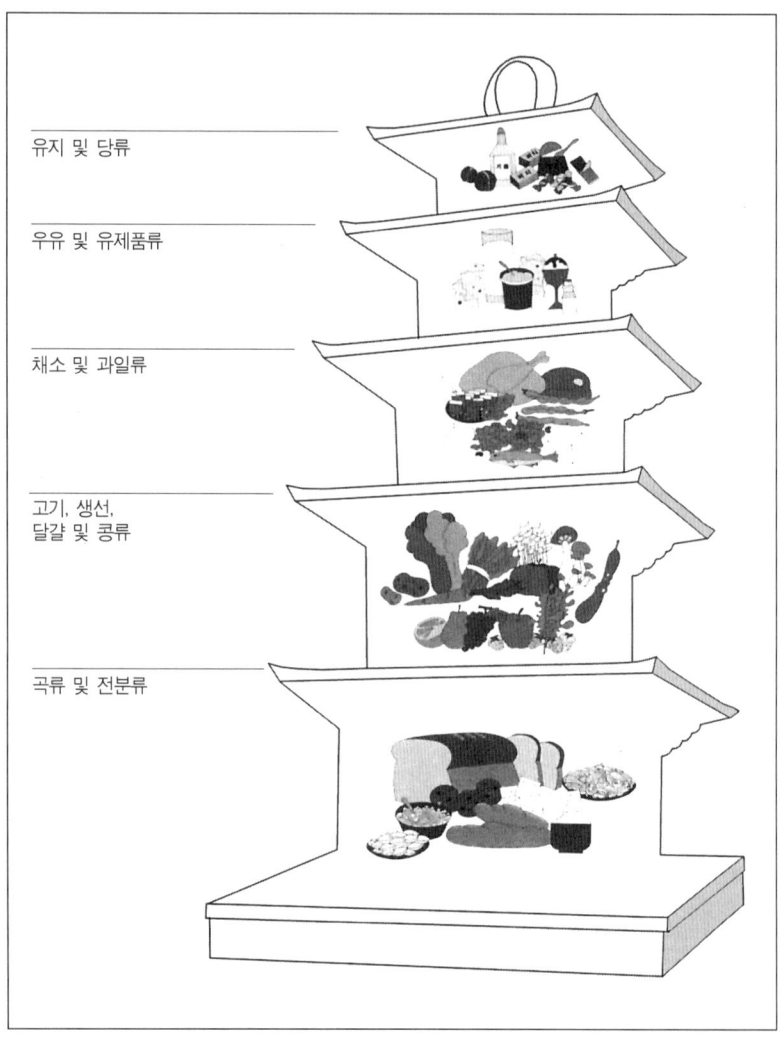

유지 및 당류

우유 및 유제품류

채소 및 과일류

고기, 생선, 달걀 및 콩류

곡류 및 전분류

는 먹는 것을 좋아하기 때문에 항상 1파운드(0.45kg)의 지방은 3,500kcal 와 같고 지방 100kcal를 태우려면 1마일(1.6km)을 걷거나 뛰어야 한다고 생각하고 있다.

6~11회 : 빵, 떡, 밥, 국수
3~5회 : 야채, 나물
2~4회 : 과일
2~3회 : 우유, 요구르트, 치즈
2~3회 : 고기, 닭고기류, 생선, 콩류, 달걀, 두부, 된장
가 끔 : 지방분이나 당분이 많이 함유된 음식

따라서 지방 1파운드를 태우려면 35마일(56km)을 걷거나 뛰어야 한다는 것이다. 이렇게 운동을 하면 쉬었을 때보다 운동 후에 더 많은 지방을 태울 수 있는 현상(thermonucleargenesis)도 기대할 수 있다고 한다.

4. 글리세롤의 효과

국내에서는 아직 식용 글리세린이 시판되고 있지 않지만, 최근의 문헌[15]에 의하면 글리세롤은 장시간 체내에 수분을 유지하는 데 탁월한 효과가 있는 것으로 나타났다. (철인)3종경기는 짧게는 스프린트 코스의 55분부터 길게는 아이언맨 코스의 8시간 이상까지 지속되기 때문에 수분의 섭취가 경기의 성공 여부와 직결된다. 경기는 덥고 습한 상황에서 개최되기 때문에 $3l$ 이상이 땀으로 배출될 수 있고, 체온조절(theromoregulation) 효과도 감소할 수 있다. $1.5l$ 만 땀으로 배출되더라도 선수들은 경기력이 크게 떨어질 수 있다. 중요한 사실은 많은 선수들이 수분을 섭취할 충분한 기회가 제공되는 데도 불구하고 충분히 섭취하지 않는다는 것이다. 물론 경기 전에 너무 많이 섭취하는 선수들도 많이 있지만 전혀 섭취하지 않는 것보다는 낫다. 그러나 생리학적인 견지에

---

15) 자료 : Goulet, E., "No Mirage : Glycerol Hyperhydration Works," Triathlete October, 1998, p.74-75

서 항상성(homeostasis)이 깨지는 것은 바람직하지 않으므로 과도하게 섭취된 수분은 신장에서 빨리 배출된다. 여기서 글리세롤의 역할이 필요하다. 수분이나 스포츠 음료로 섭취된 글리세롤은 4시간까지 과다 수분섭취 기간을 연장시킬 수 있다.

1) 글리세롤이란?

글리세롤은 혈장의 지방분해에 의해 생성되거나 근육 내의 지방(triglycerides)에서 만들어지는 자연대사 산물이다. 이것은 무색 무취 무점성이고 매우 단맛이 난다. 또한 삼투성이 있고 내성이 있으며, 위장에서 빨리 흡수되고 일정량이면 안전하다. 더불어 몸에서 분비하기보다는 수분을 흡수하는 친수성(hydrophilic) 물질이라서 수분이 체내에서 오랫동안 머무르게 한다. 한 마디로 말하면 글리세롤은 스펀지와 같다.

2) 기전(mechanism)

글리세롤은 혈관 내, 세포와 세포 사이 등을 포함한 온 몸에서 생성된다. 글리세롤은 물과 친화력이 있기 때문에 이들 공간은 글리세롤이 섭취한 여분의 물로 최대 용량으로 가득 차게 된다. 뛰거나, 사이클을 타거나, 수영하게 되면 체내 체온(core temperature) 수분 손실률이 증가하고, 이는 혈장량(plasma volume)이 감소한다는 것을 의미한다. 그러나 신체의 모든 부분이 물로 가득 차 있을 때, 이 효과는 최소화된다. 즉, 혈장량을 유지하기 위한 공간으로부터 또는 적어도 그 감소를 최소화하기 위하여 수분은 이동하게 된다. 이는 무엇을 의미하나? 내열성의 혈장량으로 인해 땀을 더 배출하게 되고 체온조절(thermoregulation)[16]을 더 잘 유지하게 된다. 1990년에 라이온스(Lyons) 등이 수행한 연구에 의하면 물과 함께 글리세롤을 섭취한 선수는 물만 섭취한 선수보다 땀을 28%나 더 배출했다고 발표했다.

3) 효과 검증

글리세롤이 운동선수에게 아주 이로운 것임에도 불구하고 그것이 운동에 미치는 역할은 약간의 연구만이 수행되었다. 3가지 연구에 대해서 알아보자. 1990년에 라이온스(Lyons) 등은 운동할 때 체온조절(땀의 배출과 직장의 온도)에 미치는 글리세롤의 과다섭취 효과와 심장혈관의 반응(심박수) 등을 조사했다. 6명의 선수로 하여금 3개의 별도의 실험을 행했는데, 오렌지 주스만, 오렌지 주스와 글리세롤, 마지막으로 오렌지 주스와 물을 섭취하게 한 후 적당한

 I

이 실험에서는 11명의 훈련이 잘 된(최대 산소섭취량의 평균이 61ml/kg/min) 선수가 동원되었다. 그들은 2개의 실험에 응했는데, 첫 번째는 플라시보(placebo)[17]를, 두 번째는 글리세롤 용액을 90분 간 복용했다. 한 시간을 기다린 후 운동을 시작했다. 에르고메타에서 지칠 때까지 분당 회전수 60을 유지하면서 사이클링을 하도록 했다. 운동 강도의 최대의 61%가 사용되었고, 운동 중 음료는 제공되지 않았다. 글리세롤을 복용했을 때가 플라시보를 복용했을 때보다 21% 지구력 시간이 더 유지되었다. 운동 전 섭취한 물은 700ml가 증가되었고, 소변의 배출은 650ml 감소되었다. 땀 배출은 변함이 없었고, 직장온도는 비슷했다. 심박수는 큰 변화가 없었다.

---

16) 피부의 혈액량이 증가하고 근육과 직장(rectal)의 체온 감소
17) 심리효과용 신약 테스트의 대조제용 위약.

기후 내에서 최대 산소섭취량(VO₂max)의 60%로 1시간 30분 동안 운동을 하게 했다.

운동을 시작한 지 2.5시간이 되었을 때 글리세롤을 섭취했을 때와 다른 음료수를 섭취했을 때(controlled group)를 비교하면 500mℓ의 소변을 덜 배출했고 700mℓ 정도의 수분을 더 많이 체내에 유지했다. 운동하는 동안 글리세롤을 섭취한 선수들은 땀을 더 많이 흘렸고, 직장의 온도는 낮게 나타났다. 심박수는 심하게 변하지 않았다. 운동을 시작한 후 15분 동안에는 포만감은 있었으나 메스꺼움(nausea)을 느낄 수 없었다고 말하는 것은 중요한 것이었다. 이 연구결과에서 체온 조절능력은 글리세롤을 섭취한 후 증가되어 선수들의 지구력을 향상시킨다는 것을 알 수 있었다.

1996년에 몬트너(Montner) 등이 발표한 연구논문도 중요한 내용을 담고 있다. 그의 첫 번째 실험에서는 선수들에게 글리세롤을 물과 함께 과다섭취시

실험 II

7명(남자 5명, 여자 2명)의 잘 훈련된 선수를 대상으로 실험하였으며, 그들의 최대 산소섭취량의 평균은 각각 60.9에서 56.1mℓ/kg/min이었다. 실험 I과 같은 실험을 반복하였고, 한 가지 다른 것은 운동하는 동안 5% 포도당 액을 20분마다 공급했다. 또한 시간당 30.3g의 포도당이 들어 있는 평균 605mℓ의 음료를 공급했다. 결과는 포도당을 섭취했을 때가 물이나 포도당만 복용했을 때보다 24% 지구력 시간이 더 유지되었다.

운동 전 섭취한 물과 소변 배출량은 이 실험에서 일치하지 않았다. 심박수는 플라시보와 비교할 때 분당 평균 4.4회 낮아졌다. 직장온도의 변화는 두 실험에서 차이가 없었다. 선수들이 기진맥진할 때까지 20% 평균 운동시간이 연장되었기에 글리세롤과 물을 입으로 미리 복용할 때 훈련과 경기력이 향상된다고 결론지을 수 있다.

킨 다음 사이클 에르고메트리(ergometry) 실험을 하는 동안 직장온도(RC), 심박수(HR) 및 장기간의 지구력 시간(PET)[18] 등을 측정하였다. 두 번째 실험은 첫 번째 실험에서 섭취한 것과 동일하게 섭취한 후 실험하는 동안 탄수화물이 들어 있는 일정량의 음료 섭취를 허용했다. 마찬가지로 RC, HR, PET 등이 측정되었다. 두 실험 모두 편중되지 않게 하기 위하여 바꿔가며 실험했다.

4) 글리세롤의 복용

사람마다 개인 차이가 있기 때문에 정확히 운동 전에 복용방법을 제시하는 것은 어렵다. 하지만 한 가지 방법이 있는데, 보통 1.2g/kg의 글리세롤을 섭취할 수 없다. 1.2g 이상 섭취해도 아무런 효과가 없을 뿐만 아니라 여분은 소변으로 배출된다. 이 한계를 넘어서 너무 빨리 섭취하게 되면 토하게 되고 메스꺼움을 느끼며, 두통을 느끼게 되고 현기증까지 느끼게 된다. 또한 배에 포만감을 느끼고 머리가 어찔어찔하게 된다.

1996년에 몬트너(Montner) 등이 제안하는 복용방법에 따르면 70kg의 선수는 2l의 수분은 2.5시간까지 지속되고 1995년에 코닉스버그(Koenigsberg) 등과 1990년에 라이온스(Lyons) 등이 제안하는 복용방법은 훈련이나 경기하는 곳이 덥고 습한 지역이면 5%의 글리세롤 용액이 좋다고 한다. 그러나 글리세롤의 과다복용은 4시간까지 지속되기 때문에 설탕과 소금성분이 있는 음료(게토레이, 파워에이드)를 섭취하는 것이 좋다고 한다.

다음은 몬트너(Montner) 등이 제안하는 글리세롤 섭취방법이고, 체중 70kg의 선수를 기준으로 작성된 것이다. 여기서 총 물의 섭취량은 1.5시간에 1,820ml이고 글리세롤은 84g 또는 1.2g/kg이 된다.

---

18) Prolonged Endurance Time.

① 20% 글리세롤 용액을 5mℓ/kg,[19] 즉 70mℓ의 글리세롤을 280mℓ의 물과 마신다.
② 30분 후 5mℓ/kg의 물을 마신다. 즉 350mℓ의 물을 마신다.
③ 15분 후 5mℓ/kg의 물을 또 마신다. ②번과 같은 양의 물을 마신다.
④ 15분 후 20% 글리세롤 용액 1mℓ/kg을 5mℓ/kg의 물, 즉 14mℓ의 글리세롤을 406mℓ의 물과 함께 마신다.
⑤ 30분 후 5mℓ/kg의 물을 마신다. 즉 350mℓ의 물을 마신다.
⑥ 1시간 후 운동을 시작한다.

5) 글리세롤의 구입

1997년에 인터뉴트리아 스포츠(InterNutria Sports)라는 회사에서 프로 하이드레이터(Pro Hydrator)라는 제품을 내놓았다. 그 제품의 주성분은 글리세롤이고, 영양식품을 파는 곳에서 구입이 가능하다. 단 한 가지 결점은 값이 비싸다는 것이다. 미국 내에서 플라스틱 한 병(16온스)에 약 5불에 시판되고 있다. 국내에는 공업용 글리세린은 있으나 아직 식용 글리세린이 시판되고 있지 않기 때문에, 절대 함부로 글리세린을 복용해서는 안 된다.

---

19) 체중 1kg당 글리세롤. 따라서 70kg인 선수는 70 × 5 = 350mℓ.

6) 결론

적절한 글리세롤을 미리 섭취하는 것은 4시간까지 수분을 과다섭취하는 결과를 낳고 운동 전 소변의 양이 줄어들며 땀의 배출량은 증가한다. 또한 혈장량의 감소가 희석되고 심박수가 낮아지며, 더위가 습도가 중요한 곳에서는 한 시간 이상 체내 체온이 떨어진다. 다른 말로 표현하면 글리세롤을 너무 과용하면 철인경기와 같은 경기에서는 프로선수와 탈락자 사이의 다른 점을 알 수 있게 한다.

그러나 글리세롤의 복용으로 인한 가장 큰 장점은 선수들로 하여금 완벽한 수분상태를 유지할 수 있게 한다는 것이다. 이 말은 기후조건에 따라 시간당 500에서 1,000mℓ까지 수분을 섭취한다는 것이다. 또한 여기에 제시된 복용방법을 따르기 이전에 나름대로의 연습을 통해서 정확한 복용방법을 각자가 알아내는 것이 중요하다.

5. 스트레칭

모든 운동을 하기 전후에 준비운동과 마무리운동은 반드시 해야 한다. 그중에서 스트레칭은 그 운동의 핵심으로서, 근육의 긴장을 완화시키고 보다 자유롭고 쉬운 동작을 가능하게 하며, 동작의 범위를 확대시켜 준다. 또한 근육의 부상을 방지하고 신체 지각력을 발달시키며, 혈액의 순환을 촉진시킨다.

따라서 어떠한 운동을 하더라도 준비운동과 마무리운동에 스트레칭이 필수적이다. 다음 그림은 철인3종경기에 필요한 스트레칭[20]을 종목별로 제시한 것이다.

---

20) 윤창구 · 최홍식 공역, Bob Anderson 원저, 스트레칭 운동, 1993.

1) 수영 전후(약 10분 정도 실시)

II. 운동의 기본지식

2) 달리기 전(약 9분 정도 실시)

3) 달리기 후(약 9분 정도 실시)

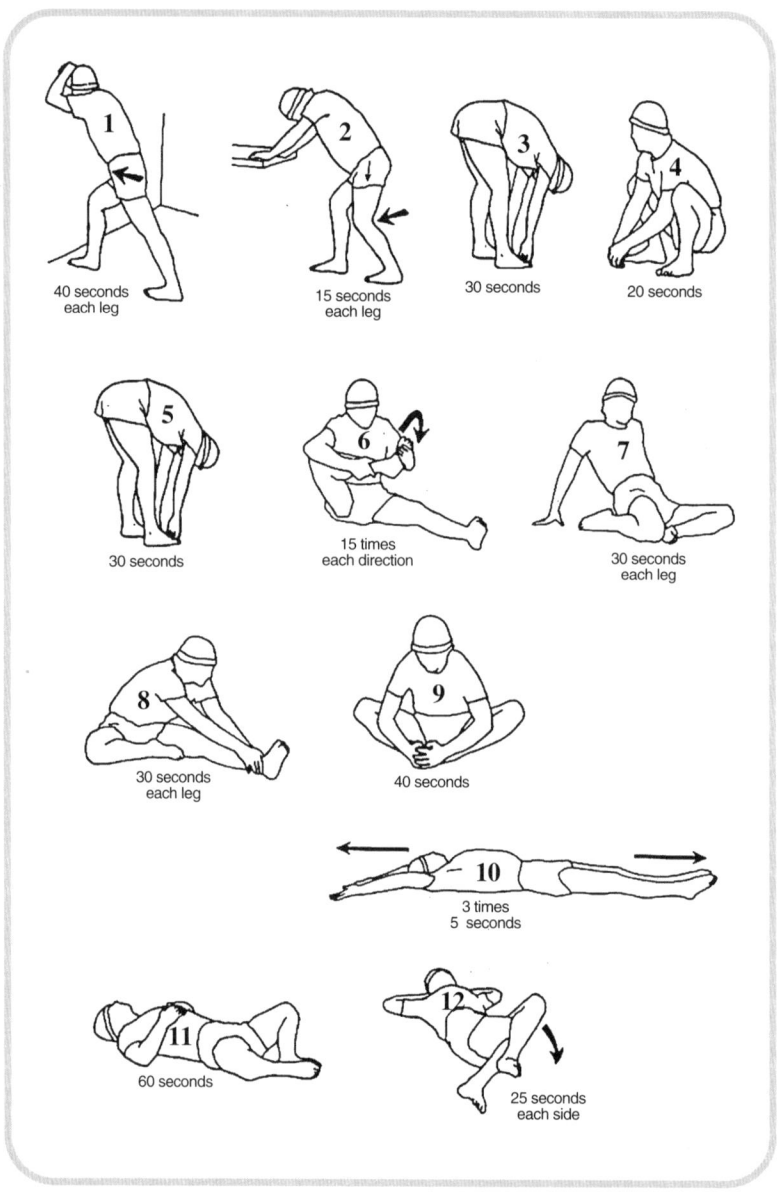

4) 사이클 타기 전후(약 10분 정도 실시)

▲ 경기를 마친 후 완주 메달을 목에 건 저자

Ⅲ. 수영 연습

철인3종경기에 출전하려면 가장 먼저 접해야 하는 운동은 수영이다.
수영을 전혀 할 수 없는 사람이 이 경기에 출전하려면 출전계획을 다소 늦춰서
충분한 수영 연습을 한 후에 출전계획을 세우는 것이 필요하다. 다른 종목과 달리
수영을, 특히 바다수영을 장시간 동안 하기 위해서 많은 연습량과 기간이 필요하기 때문이다.
또한 수영장과 달리 바다수영은 목표를 향해서 똑바로 가기 어렵고 목표를 보기 위해서
앞으로 가끔 고개를 쳐들어야 하기 때문에 수영장에서 하는 수영보다 체력이 많이 소모된다.
흐르는 물에서의 수영 역시 유속을 감안하고 방향을 정해야 하기 때문에 이를 헤쳐
나갈 수 있는 기술이 필요하다. 따라서 지금 당장 수영을 할 수 없는 사람이
이 경기에 출전하려면 최소한 1년 이상의 기간이 필요하다. 즉, 앞으로 1년은 수영을
제대로 할 수 있도록 노력하고, 그 다음 해에 출전을 목표로 설정하는 것이 바람직하다.
물론 운동신경이 잘 발달되어 있고 적극적인 성격을 갖추고 있으며, 나이가 젊다면
예외가 될 수도 있다. 여기서는 기본적인 수영방법에 관한 내용은 생략하고, 철인경기를
대비한 훈련방법과 수영장이 아닌 야외에서의 수영요령에 대하여 기술하고자 한다.

1. 훈련방법

모든 운동이 그렇듯이 수영에서도 자세가 가장 중요하다. 수영하는 것을 보고 자세를 교정받을 수 없으면 관련 분야의 서적이나 잡지 또는 비디오 등을 이용하는 방법도 있다. 일단은 수영장에서 800m를 쉬지 않고 할 수 있느냐가 문제가 될 수 있기 때문에 인터벌 훈련을 고려하는 것이 좋다. 인터벌 훈련의 목적은 100m씩 같은 속도로 또는 점점 빠른 속도로 수영하는 것이다. 인터벌 훈련은 정해진 거리를 반복하는 것을 기본으로 하고 있다. 수영장 시설에 따라 이 거리를 달리할 수 있겠지만 기본적으로 100m를 기준으로 한다. 수영선수에게 100m 인터벌 훈련에 대해서 물으면 그들은 100m를 정한 횟수만큼

▲ 야외수영 경기 모습

반복과 휴식을 계속해서 하는 것이라고 답할 것이다. 예를 들어 그날의 목표가 10회의 100m이고 매 2분이라면, 2분마다 100m를 수영하고 쉬는 시간까지 포함된 것을 말한다. 즉, 20분에 1,000m를 해야 한다. 여기서는 200m를 천천히 하고 4회의 100m, 4회의 50m 그리고 200m를 천천히 마무리하는 방법이 좋다. 최소한 8회에서 10회의 100m를 할 수 있어야 한다. 인터벌 훈련은 많은 스포츠에서 채택하고 있는 훈련방법이고, 특히 수영에서 그렇다. 인터벌 훈련은 실제 경기속도보다 빠르거나 같은 속도로 수영하는 것이다. 시간이 지날수록 신체조건이 개선되면서 짧은 휴식시간을 갖더라도 수영속도가 빨라지게 된다.

1) 훈련기법[21]

스트로크(Stroke) 훈련은 기술을 익히는 데 가장 빠르고 효과적인 방법이다. 말로는 충분히 강조할 수 없는 것도 스트로크이다. 스트로크는 선수로 하여금 물을 느끼게 하고, 스트로크 유형을 교정시키는 데 필요한 근육을 강화시켜야 한다. 스트로크 교정은 이론으로만 하는 것으로 알기 쉬우나 이론과 더불어 실기가 병행되어야 한다. 효과적인 스트로크를 위해서 긴장을 풀고 편안한 마음을 가져야 한다. 교정방법은 잘못을 지적하는 것보다는 스트레칭을 더 하도록 강조하는 방법이 선수로 하여금 긴장을 풀게 하고, 자신감을 갖게 할 뿐만 아니라 교정속도도 더 빠르다.

스트로크 훈련은 단순히 스트로크하는 방법과 보다 정확하게 스트로크할 수 있도록 고안된 장비로 가르치는 것을 말한다. 훈련 중에는 선수로 하여금 가능한 한 많이 새로운 훈련법을 배우고, 보고, 교정하고, 연습하고, 연구하게 하여 그 선수들이 잘 하려고 노력하게 하며, 많은 변화와 생각을 갖고 훈련 프로그램을 준비할 수 있도록 하는 것이다. 다음은 훈련 중에 중점적으로 포함되어야 할 내용들이다.

---

21) 자료 : Terry, B., http://www.bpr.com/triathlon/swimming.htm

- **캐치업(Catch-Up)**
  양손을 앞으로 뻗은 상태에서 한 손씩 번갈아 스트로크하게 한다. 이때 한 스트로크에 6회의 발차기를 한다.

- **한 팔로 자유형(One Arm F/S)**
  이 훈련은 캐치업(Catch-up) 훈련과 동일하나 한 손만 이용하는 것이다. 만약 한 손으로 수영할 정도가 안 되면, 한 번씩 하도록 하는데, 한 번은 적당히 한 번은 정확히 하게 한다. 이 연습은 양쪽으로 숨쉬기하는 데도 도움이 된다.

- **하이 엘보(High Elbows)**
  스트로크할 때 손을 앞으로 뻗어 손이 입수할 때 엄지손가락이 먼저 물에 들어가고, 다리까지 팔을 밀어서 뻗은 다음 엄지손가락이 나중에 나오도록 하며, 팔꿈치가 산 모양을 이루며 정상에 오도록 연습해야 한다. 이 훈련을 하면 팔꿈치의 위치를 교정할 수 있고, 숨쉬는 시간을 조절할 뿐만 아니라 어깨의 회전과 발차기를 교정할 수 있다.

- **자유형 속도 훈련(F/S Speed Drill)**
  이 훈련은 물 밖으로 머리를 들고 수영하는 것이다. 이때 발차기는 강하게 하고 스트로크도 빨리 한다. 이 훈련은 1분에서 1분 30초에 25m를 반복하면서 지칠 정도로 해야 한다. 이 훈련을 하게 되면 경기 중에 머리를 들고 부표 보는 상황을 연습할 수 있고 힘을 기르게 된다.

- **샘플 스트로크 세트(Sample Stroke Set)**
  100m 자유형 8회, 세트당 2~3분 간격.
  50m 자유형 6회 하되 한 팔로 1분씩.
  200m 한 팔, 1분 휴식, 그리고 400m 전력.

  미국의 수영 대표선수였던 밥 린드퀴스트(Barb Lindquist)는 그녀의 수영 실력은 철저한 훈련 때문이었다고 한다. 그녀는 8세 때부터 수영을 시작했지만

III. 수영 연습

연습할 때마다, 특히 피곤할 때의 수영기술에 대해서 연구했다고 한다. 피곤할수록 몸을 좌우로 회전시키면서 어깨가 올라오도록 하고 손을 더 멀리 뻗었다고 한다. 그녀의 훈련방법은 다음과 같다.

- **준비(Warm-up) - 800m**
    200m 자유형, 100m 혼영, 150m 자유형(50m 왼팔만, 50m 오른팔만, 50m양팔), 100m 혼영 킥, 100m 자유형(50m는 머리 들고), 50m 자유형 천천히 한다. 개인혼영은 몸 전체의 근육을 이완시켜 주는데, 접영은 위와 척추근육을 풀어 주고, 평영은 자유형의 물 잡는 것을 도와준다고 한다. 또한 이 훈련시 중요한 것은 거리가 늘어남에 따라 속도도 점차 높여 줘야 한다는 것이다.

- **연습(Workout) - 600m**
    50m를 12회 반복하되 세트간 15~20초 정도 휴식한다. 이때 12.5m는 빨리, 25m는 천천히, 나머지 12.5m는 빨리 한다. 또한 가능한 한 스트로크 수를 최소한으로 하도록 한다. 이 훈련의 목적은 젖산의 축적 없이 빠른 속도를 낼 수 있도록 하며, 스트로크의 속도 변화를 꾀하고 스트로크의 길이를 변화시킬 수 있어야 한다.

- **주훈련(Main set) - 3,500m**
① 400m 전력 - 100m는 오른팔만 하되 왼팔은 몸에 붙이고, 100m는 왼팔만, 100m는 오른팔만, 100m는 머리를 들고 한다. 400m 한 후 1분 휴식한다. 이 훈련은 심장에 무리를 주지 않고 근육을 피로하게 하기 위함이다.

② 250m를 4회 인터벌 훈련을 하되 세트간 휴식시간을 짧게 한다. 첫 번째 세트는 천천히 하고 마지막 세트는 전력으로 질주한다. 첫 번째 휴식시간은 10초, 나머지 세트 후 휴식시간은 25초로 한다.

③ 200m를 개인혼영으로 2회 반복하되 중간에 휴식시간이 없고, 중간 정도

의 속도로 한다. 중요한 것은 근육에는 무리가 가더라도 심장에 무리가 가지 않도록 한다. 1분의 휴식을 갖는다.

④ 150m를 6회 반복하되 같은 속도(85%)로 하면서 세트간 5초에서 10초간의 짧은 휴식시간을 갖는다. 이 훈련은 무산소 한계(AT)를 증가시킨다.

⑤ T판을 끼고 400m를 하는데 75m는 자유형, 25m는 평영으로 4회 반복한다. 1분간 휴식을 취한다.

⑥ 50m를 8회 인터벌 훈련을 실시한다. 첫 번째 세트 후 휴식시간은 5초에서 10초, 네 번째 세트 후의 휴식시간은 10초에서 15초로 하고, 다시 다섯 번째부터 여덟 번째까지 이를 반복한다. 앞서 250m를 4회 인터벌 훈련과 같이 첫 번째와 다섯 번째 세트는 천천히, 네 번째와 마지막 세트는 전력으로 한다.

■ 마무리(Cool - down) - 400m
100m를 4회 반복하되 50m는 자유형으로 나머지 50m는 배영으로 하면서 세트간 10초의 휴식을 취한다. 젖산이 축적되지 않도록 출발할 때, 팔과 다리를 저을 때 몇 번은 최대한 빨리 한다.

1998년도 호주 철인경기 우승자인 시안 웰츠(Sian Welch)는 시즌 전에 수영장에서의 수영이 매우 중요하다고 강조한다. 그녀의 훈련방법은 1,000m의 준비운동을 천천히 하되, 200m는 개인혼영으로 한다. 주 훈련은 200m씩 16회의 인터벌 훈련을 반복한다. 이때 세트간 휴식시간은 5초 이상으로 하되 15초를 넘기지 말아야 한다. 200m를 수영할 때마다 같은 속도를 유지하면서 최대한 빨리 해야 한다. 피로를 느끼게 될 때 가장 좋은 훈련방법은 자신으로 하여금 가장 빠른 수영방법을 스스로 가르치는 것이고, 50m를 10~20회 반복훈련한다. 이때 세트간 휴식시간은 15초 이상 25초 이내로 해야 한다. 휴식시간이 더 필요하면 50m를 그룹으로 묶어서 훈련한다. 예를 들어 50m

III. 수영 연습

를 4회 반복하고 쉬는 것이다. 마무리는 발차기로 하면 된다. 총 수영거리는 6km 정도가 되도록 한다.

2) 철인경기에서의 수영[22]

① 천천히 수영하라. 수영 잘 하기를 원하는 사람에게 제시하는 것 중에 하나는, 빠르게 수영하기 전에 천천히 수영을 배우는 것처럼 해야 한다고 말한다. 경기할 때는 선수들 사이를 헤쳐나가야 하고, 많은 선수들이 한꺼번에 출발하기 때문에 물이 많이 튀게 되며, 효과적인 수영을 할 수 없게 된다. 수영은 자신이 할 수 있는 것보다 천천히 시작해야 한다. 수영을 천천히 하는 것이 쉽고 효과적이며, 경제적인 수영을 할 수 있는 습관을 들이는 가장 쉬운 방법이다.

② 얌전히 수영하라. 출발할 때 여러 소음과 물 튀김 등을 상상해 보라. 연습할 때 가능한 한 좁은 공간에서 수영하라. 그렇게 하면 여기서 제시하는 다른 기법도 자동적으로 익힐 수 있다.

③ 작게 수영하라. 경기에 필요한 에너지를 아낄 수 있는 가장 쉬운 방법은 저항을 줄이는 것이다. 물에서 좁은 공간을 차지하면 많은 저항을 줄일 수 있다. 수영할 때 자신의 몸을 좁은 구멍에 맞춰 통과한다고 생각해 보자.

④ 몸을 유선형으로 하라. 마지막으로 신경계통이 효과적으로 반응하는 것처럼 몸을 물고기처럼 자세를 취한다. 이러한 것들이 자연스럽게 되지는 않겠지만 습관적으로 되게 하면 좋은 결과를 얻을 수 있다.

⑤ 머리를 들지 마라. 얼굴을 수면에 대고 앞을 보면서 수영하는, 예로부터 내

---

22) 자료 : Laughlin, T, "Ironman Swim," Triathlete, October 1998, p.72

려오는 방법은 잊어라. 피로가 빨리 오게 하고 몸을 처지게 만드는, 전혀 어울리지 않는 자세이다. 수영할 때 뒷머리가 한 주먹(sliver) 이상 수면에 나오면 머리를 너무 쳐들고 수영하는 것이다. 다른 사람으로 하여금 머리를 너무 쳐드는지를 도움받는 것이 좋다.

⑥ 체중을 이동시켜라. 가슴이 더 처지는 것처럼 느낄 때까지 체중을 앞으로 이동시켜라. 그렇게 하면 몸 전체가 수평이 되고 더 잘 나가게 된다. 이때 엉덩이와 다리가 가볍게 느껴지도록 하라. 이와 같이 하면 발차기를 더 쉽게 할 수 있고 다리근육에 부담도 적게 된다. 몸이 수평을 유지하지 않으면 그림과 같이 저항을 더 받게 된다.

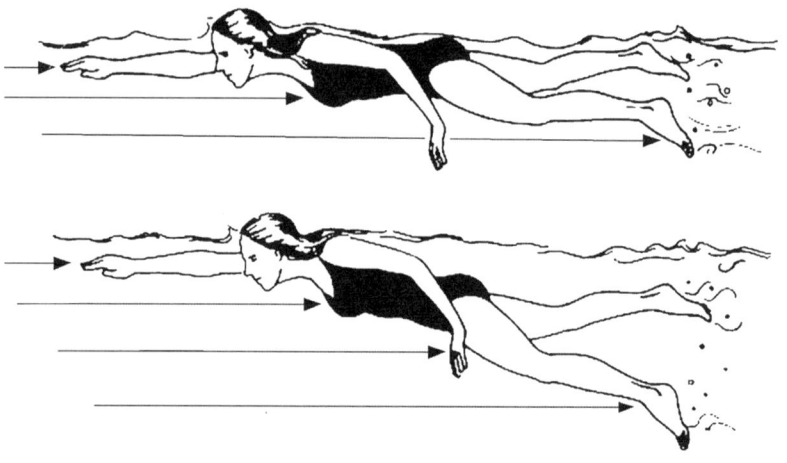

⑦ 크게 수영하라. 매 스트로크마다 자신에게 내 손 갖고 할 수 있는 가장 중요한 것은 내 몸을 길게 하는 것이라고 다짐하라. 손은 앞으로 쭉 뻗되 끌지는 말아라. 이렇게 하면 스트로크가 길어지고 날씬한 배가 물 위를 미끄러지듯 쉽게 나갈 것이다.

주의할 것은 머리를 쳐들지 않고 체중을 앞으로 이동시키는 것이 불가능하다고 여길지 모른다. 입수할 때 손은 물위로 넣지 말고 머리 쪽으로 엄지손가락부터 얇게 입수시켜라.

3) 수영훈련[23]

① 70%는 자유형, 30%는 다른 영법을 사용하라. 자유형으로만 연습하면 같은 동작이 반복되어 같은 근육과 건(腱)만 과다하게 사용하게 된다. 훈련할 때 다른 영법도 혼합하면 근육의 휴식은 물론 어깨 부위의 건염(腱炎)도 예방할 수 있다. 다른 영법과 혼합할 때 가장 좋은 방법은 반복 횟수를 변화시키는 것이다. 예를 들어 무산소 한계(AT) 세트로서 100m씩 5회씩 왕복하는 경우에는 5번째, 10번째, 15번째를 평영이나 배영으로 하는 것이다. 인터벌 훈련을 하면서 휴식시간을 짧게 하는 것이 좋고, 이때 근육은 휴식을 취하게 된다. 또 다른 방법은 전체 세트를 배영이나 평영으로 하는 방법도 있다. 한 가지 주의할 점은 평영에서 발차기를 바깥쪽으로 하게 되면 무릎의 인대에 무리가 갈 수도 있다. 따라서 바깥쪽으로 좁게 차거나 돌핀 킥을 하는 것이 좋다.

② 가끔 저산소(hypoxemia) 훈련도 병행하라. 저산소란 산소가 폐와 혈관에 충분히 공급되지 못한 상태를 말한다. 이러한 저산소 상태는 긴 시간 동안 양쪽으로 호흡하거나 3번째 스트로크마다 호흡하게 되면 나타난다. 이 경우 심박수는 5 내지 10% 증가한다. 일반적으로 연습할 때 이와 같은 산소 부족 상태는 기피하게 되는데, 경기 중에는 양쪽으로 호흡하면서 주변을 살피거나 급한 상황에 이르면 이와 같은 상태가 있을 수도 있다. 따라서 훈련할 때도 그런 상황에 대처하기 위한 상태도 포함되어야 한다. 이와 같은 저산소 훈련은 장거리나 중간 정도의 무산소 한계 훈련에서 하는 것이 좋다. 심장에 문제가 있거나, 머리가 조금만 아파도 이 훈련은 절대 하지 말아야 한

---

23) Scott, Dave, Triathlon Training, 1986

다. 평상시에 하듯이 첫 번째는 한쪽으로 호흡하고, 둘째는 양쪽으로 호흡하는 것이 좋다. 이렇게 하면 심박수는 증가하고 유산소 양도 증대시킨다.

③ 수영훈련 중에 음료수를 마셔라. 많은 사람들은 수영하기 전에 물에서 수영해서인지 탈수를 걱정하지 않고 물을 마시지 않는다. 신체 외부가 젖어 있다고 체내까지 젖어 있는 것은 아니다. 한 시간 이상 수영장에서 수영하더라도 물병을 갖고 수영장에 들어가서 물을 마셔야 나중에 다른 훈련을 할 때에도 탈수를 예방할 수 있다.

④ 웜업(Warm-up)을 서두르지 말아라. 웜업(Warm-up)은 최대시의 30~40% 정도로 수영하는 것이 좋다. 200~300m 정도를 아주 천천히 수영한 후 심박수가 천천히 증가하도록 스트로크를 점진적으로 길게 한다. 그 후에 어깨의 유연성을 증가시켜 서서히 스트로크 방법을 변화시킨다. 그런 후 실제 훈련과 같은 페이스를 유지시킨다. 절대 천천히 증가시키는 것을 빼먹지 말아야 한다. 그러지 않으면 젖산이 축적되어 전체적인 효과를 기대할 수 없다. 사이클이나 달리기를 한 후에 수영을 하더라도 마찬가지로 웜업(Warm-up)이 필요하다.

⑤ 훈련 막바지에 정리운동(Cool-down)을 생략하지 말아라. 정리운동 없이 바로 풀에서 빠져 나와 샤워를 끝내면 다음날 근육이 경직되고 통증이 수반된다.

⑥ 양쪽으로 숨쉬는 것을 익혀둬라. 비록 양쪽으로 호흡하는 것이 효과적인 방법은 아니지만 야외경기에서 주변을 살피려면 또한 혼탁한 물에서 수영하면서 물을 먹지 않으려면 양쪽으로 호흡하는 방법을 익혀둘 필요성이 있다.

2. 야외(Open Water)수영 방법 [24]

여기서 야외란 수영장이 아닌 바다나 호수 또는 강과 같은 곳을 말한다.

1) 야외수영의 특징

야외수영이란 물이 탁해서 거의 아무 것도 확인할 수 없거나, 보이지 않던 장애물이 갑자기 나타날 수도 있는 곳이다. 또한 여러 명이 한꺼번에 수영하기 때문에 발에 차일 수도 있고, 팔끼리 서로 부딪힐 수도 있다. 물결 또는 파도 때문에 물을 자주 먹게 되는 경우도 있고, 수온이 낮은 곳도 있을 수 있으며, 부유물이 있을 수도 있다. 하지만 매력도 있다. 야외수영은 다른 선수를 따라가거나 주변의 여러 가지 변화를 경험할 수 있는 기회가 주어진다. 수영장과 같이 25m나 50m마다 되돌아갈 필요가 없이 팔의 스트로크에 맞춰 리듬감을 유지할 수 있다.

2) 편안한 마음자세

야외수영하기 전에 명심할 것은 마음을 편하게 갖는 것이다. 편한 마음을 갖기 위해서는 물에 대해서 알아야 하고, 자신의 능력을 알아야 하며, 어떠한 물살에서도 이겨낼 수 있다는 자신감이 있어야 한다. 같이 수영하는 사람에게 의존하려면 아예 물에 들어가지 말아야 한다. 인명 구조요원이나 다른 사람이 구해 줄 수는 있어도 모든 사람이 동시에 구원을 요청한다고 가정한다면 어떻게 되겠는가?

수영장에서는 대부분 로프가 설치되어 있어서 수영하다 물을 먹게 되거나 쥐

---

24) 자료 : Walker, J, http://www.triclub.com/training/open_wtr.htm

가 나더라도 손으로 로프를 잡으면 되지만, 야외수영에서는 급한 경우 잡을 것이 아무 것도 없다. 혼자 수영하거나 몇 사람이 같이 하더라도 바로 옆에 아무 것도 없을 수 있다. 경기할 때는 인명 구조요원이 카약이나 보트를 타고 따라다니지만 그런 구조요원이 없다면 어떻게 되겠는가?

이러한 질문에 대하여 대답은 매우 중요하기 때문에 침착하게 생각해 보기로 한다. 수영장에서 휴식을 취하거나 숨을 몰아쉬기 위해서 벽을 잡거나, 벽을 잡지 않고 더 멀리 수영할 수 있나, 물을 먹은 경우 기침하면서 떠 있을 수 있나 혹은 로프를 잡고 있어야 하나, 수영하다 옆구리에 통증이 오거나 종아리나 발에 쥐가 나더라도 수영을 계속할 수 있나, 무서워하지 않고 몇 초 동안 수면 아래에서 수영할 수 있나 등을 생각해 봐야 한다. 야외수영에는 숙달된 선수들도 가끔 당황하는 경우가 발생하지만 절대 당황해서는 안 된다. 야외수영에서 정신적으로 가장 중요한 것은 어떠한 사태가 발생하더라도 침착성을 잃지 말아야 한다는 것이다. 때론 평영으로 하거나 잠시 떠 있거나 떠내려갈 수도 있다. 이런 경우에도 잠시 떠 있으면서 심리적인 안정감을 유지해야 한다. 이러한 심리적 안정은 차후에 다른 경기에 참여할 수 있도록 도와주는데, 예를 들면 어떤 상황에서는 스트로크 방법을 변환하면 되고, 가장 편안한 스트로크로 전환하면 되기 때문이다.

3) 주의사항

수영을 하면서 여러 가지 상황에 대비하고 있더라도 도움이 필요하거나 도움을 줄 필요가 있는 경우 등 전혀 예측하지 못한 상황이 발생할 수 있다. 이 경우에 절대 혼자 있으면 안 된다. 인명 구조요원이 근처에 상주해 있다면 수영하기 전에 그들에게 자신의 수영 계획을 미리 전달하는 것이 필요하다. 인근에 인명 구조원이 없다면 서로를 확인하며, 필요한 경우 도움을 주고받을 수 있도록 다른 사람과 함께 수영해야 한다. 설사 인명 구조요원이 있더라도 같이 수영하는 사람의 도움이 인명 구조요원의 도움보다 훨씬 더 빠르기 때문에 혼자 수영하기보다는 다른 사람과 함께 수영하는 것이 필요하다.

III. 수영 연습

야외에서 일렬로 줄지어서 수영하더라도 눈에 쉽게 띌 수 있어야 한다. 도움이 필요할 때 다른 사람 눈에 쉽게 띌 뿐만 아니라, 보트가 접근할 때 지나치지 않고 접근할 수 있게 하기 위해서이다. 경기할 때 선수에게 지급되는 밝은 색상의 수영모는 장식을 위한 것이 아니라 이런 이유에서이다.

4) 수영요령

바닥에 선이 없더라도 똑바로 수영할 수 있겠는가? 이 물음에 대한 답변은 대부분 몇 번의 스트로크마다 목표를 확인하라는 것이다. 머리를 들고 레인 끝을 응시하면서 수영장에서 연습을 하거나, 몇 번 스트로크마다 머리를 들면서 어떤 때가 편안한지를 느끼도록 한다. 이런 경험을 통해서 야외수영시에 익힌 방법을 적용하는 것이 매우 중요하다. 수영속도를 증가시키거나 쉽게 수영하는 방법 등 기술적인 요인들도 있지만 목표를 향해 똑바로 갈 수 있도록 수영하는 것이 더 중요하다.

■ 기술적인 요인들로는

① 수영하면서 고개를 쳐들면 속도가 늦어지고 피로가 빨리 온다. 똑바로 갈 수 있다면 6번 스트로크마다 고개를 쳐드는 것보다 20번 스트로크마다 고개를 쳐드는 것이 훨씬 더 유리하다. 하지만 똑바로 간다는 것이 전제조건

이다. 고개를 쳐들지 않으면 더 빨리 갈 수는 있지만 먼 곳으로 돌아갈 수도 있다. 예전에 시행했던 방법 중에 하나는 수영장에서 눈을 감고 수영하는 것이다. 휘는 방향에 있는 레인 로프가 손에 와 닿을 것이다. 똑바로 수영할 수 있도록 연습한다.

② 쳐다볼 수 있는 부표가 어디에 있는가를 미리 알아둔다. 수영하기 전에 부표나 다른 장애물을 목표로 정해 두고 수영하면 쉽게 목표를 따라 수영할 수 있다.

③ 너무 오랫동안 쳐다보지 말아야 한다. 부표를 확인할 수 없다면 다음 스트로크에서 다시 확인하면 된다. 고개를 다시 물에 넣기 전에 부표를 정확히 확인하지 않고 어렴풋이 봐도 상관없다. 이는 다음에 볼 때 더 빨리 볼 수 있게 하기 때문이다. 혼탁한 물이나 파도가 거친 물에서 수영할 때 물마루 사이의 골(through)에 있다면 부표를 확인할 수 없다. 하지만 두 번의 스트로크 뒤에 물마루 위에 있다면 얼마든지 멀리 확인할 수 있다. 이 경우라도 부표가 물마루 사이의 골에 있다면 확인할 수 없다. 따라서 수영을 멈추고 목표를 확인하려고 하는 것보다 부표가 있을 것이라고 예상되는 지점으로 수영하는 것이 낫다. 인명 구조원은 머리를 들고 수영하지만 따라하지 말아야 한다. 왜냐하면 그들은 그들이 찾는 목표가 부표가 아니라 물 속으로 사라질 수 있는 사람이기 때문에 머리를 들고 목표를 확인하면서 수영하는 것이다.

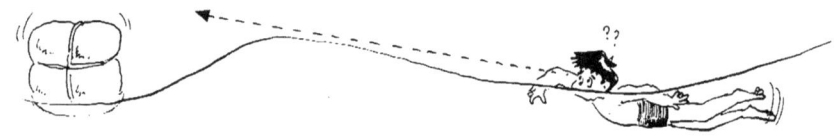

④ 다른 선수를 따라가라. 다른 선수와 함께 수영하면 그들은 똑바로 수영하는 것처럼 보이게 되는데, 그들을 따라가면 머리를 들고 목표를 확인할 염려가

III. 수영 연습

없어 체력소모가 적고 리듬감을 유지할 수 있다. 하지만 가끔씩은 목표를 확인하는 것을 잊지 말아야 한다.

⑤ 옆으로도 자신의 목표물을 설정하라. 미국 동부의 체스픽만(Chesapeake Bay) 수영경기는 수영거리가 7km가 넘지만 쉽게 목표를 정할 수 있다. 수영은 서쪽 해안에서 동쪽 해안으로 두 교량 사이를 따라가는 것인데, 방향을 잃을 염려가 없다. 오른쪽으로 숨쉴 때는 남쪽 교각을 보고, 왼쪽으로 숨쉴 때는 북쪽 교각을 확인하면서 수영할 수 있기 때문이다. 같은 방법으로 옆에 있는 목표물도 설정하는 것이 좋다.

⑥ 상상력을 동원하라. 고개를 쳐들지 않고도 똑바로 갈 수 있도록 할 수 있는 것이 많다. 그중 하나는 물 속으로 투과된 햇빛을 이용하는 것이다. 정확하지는 않더라도 6번마다 확인할 것을 20번마다 확인하도록 하기 때문이다.

⑦ 현재 위치를 크게 변경하지 말아라. 만약 현재의 위치가 코스를 크게 벗어났다면 방향을 크게 바꾸지 말고 서서히 변경하는 것이 좋다. 어디 위치하든간에 현재의 위치에서 반환점까지의 최단거리는 직선이다. 반환점을 향해서 가기 전에 다른 사람이 수영하고 있는 곳에 똑바로 돌아와서 다른 사람의 수영을 방해하지 말아야 한다. 조금씩 원래의 코스로 이동하면서 직선으로 수영한다면 그렇게 많이 벗어난 것이 아니다. 1.5km를 돌아오는 수영에서 옆으로 40m씩 벗어났다면 전체 수영한 거리는 불과 10m를 더한 것밖에 안 된다.

⑧ 목표를 확인하며 수영할 때 숨쉬기 직전에 목을 살짝 들어 목표를 확인한 후, 바로 목을 옆으로 돌려 평상시와 같이 호흡하면 속도가 줄어드는 것과 피로를 어느 정도 줄일 수 있다. 평상시 부드럽게 목을 들고 확인하고 돌려서 호흡하는 연습이 필요하고, 준비운동 및 마무리운동을 할 때 목운동을 반드시 포함시켜야 한다.

5) 경기요령

야외에서 수영경기를 하는 것은 야외에서 연습하는 것과는 같지 않다. 많은 선수들이 한꺼번에 수영하기 때문이다. 수많은 팔과 다리가 섞여 있는 중간에서 수영하면 편하게 할 수 있겠는가? 어느 누구도 좁은 공간에서 수영하고 싶지는 않을 것이다.

수영하는 사람이 얼마나 많은지는 잘 알고 있다. 주변에 너무 많은 사람들이 있다면 코스의 바깥쪽으로 나가는 것이 좋다. 안쪽보다는 바깥쪽이 더 좋은데, 이는 반환점에서 모든 사람들이 부표로 몰려들기 때문에 다른 사람과 접촉사고를 일으킬 수 있는 반면, 바깥쪽으로 돌면 시간은 더 걸릴지 몰라도 그런 불편은 피할 수 있다.

다른 선수를 뒤에서 바짝 따라가는 것(drafting)도 좋은 방법이지만 주의할 점도 있다. 다른 선수를 따라가다 보면 속도를 맞추기 위해서 스트로크의 리듬을 잃고 끊어지는 경우가 발생한다. 수영하는 속도가 같은 경우라도 속도가 더 빠르지도 않고 스트로크의 변화가 더 피곤하게 할 수도 있다.

가끔 수영하다 보면 자신이 뒤따라갈 만한 선수를 발견하게 되더라도 대부분의 시간은 팔을 뻗을 공간을 찾으면서 수영하는 데 소모하게 된다. 단지 빠르다는 이유만으로 뒤따라가는 것은 아무런 도움이 되지 않는 것이고 각 상황에 맞게 대처해야 한다.

III. 수영 연습

6) 출발요령

삶지 않은 스파게티 국수를 세워서 들고 있다가 같은 방향으로 식탁에 놓아 보라. 국수끼리 서로 뭉쳐 있으면서 식탁의 많은 공간을 차지하게 된다. 이번에는 해변에 많은 선수들이 출발선 후방에 서 있는 경우를 가정하자. 좁은 공간에 서서 기다리던 그들에게 출발신호가 떨어진다면 어떤 상황이 발생하겠는가? 그들은 스파게티 국수와 같이 수직으로 서 있다가 수영하게 되면 수평자세로 변하면서 서로 엉키게 된다. 수영이 시작되는 지점에서는 서로 엉키면서 다리에 차이거나 어깨가 맞닿게 된다. 선수들간에 선두와 격차가 벌어지기 전까지는 모든 선수들이 좁은 공간에서 수영하게 된다.

팔과 다리가 엉키는 곳에서 어렵게 수영하지 않으려면 출발하기 전에 위치를 다른 곳으로 이동하는 것을 고려할 수 있다. 절대 앞줄 중간에서 출발하는 것은 피해야 한다. 물에서 수영할 수 있는 공간을 갖고 다른 선수와 경쟁하지 않으려면 뒤에서 출발하는 것이 좋다. 이런 경우에 한 가지 문제점은 무리하게 출발한 지친 선수들을 뒤따르며 추월해야 하는 것이다. 다른 방안으로는 출발선의 외곽에서 출발하면, 비록 다른 선수들보다 좀 멀리 떨어져 있어도 공간다툼은 하지 않아도 된다.

발차기를 크게 힘있게 하는 방법도 공간다툼의 한 방안이 될 수 있고, 물을 많이 튀면서 수영하면 다른 선수들이 접근하지 않으려 한다. 다른 사람들에게 큰 피해를 주지 않고서 하는 수영방법 중에 하나는 팔동작을 옆으로 크게 하면서 밑으로는 수직으로 젓게 되면 다른 선수와 일정한 여유폭을 가질 수 있다.

7) 파도

파도에 관한 것을 보다 구체적으로 세분하면 파도(wave)와 물보라(breaker) 그리고 물결(chop)로 구분할 수 있다. 파도는 한 방향으로 치면서 사람들을 위아래로 이동시킨다. 물보라는 파도가 수심이 얕은 곳에서 발생하면서 머리 위로 덮치면서 서 있지 못하게 한다.

물결은 방향성이 없고 작은 파도의 연속이라고 보면 된다. 예를 들어 아이들 100명이 수영장에서 물장난한다고 생각할 때 작은 파도가 일게 되는데, 이것을 물결(chop)이라고 부른다. 혹은 바람이 강하게 불 때 물결이 발생하기도 한다.

모든 물에서는 파도와 물결이 있게 마련이다. 하지만 수영장에서는 그 물결을 최소한으로 유지하고 있다. 수영장에서 수영을 배울 때의 스트로크는 손을 물에서 많이 올리지 않고, 손을 입수시킬 때도 물이 많이 튀지 않게 가르치고 있어 물결치는 곳에서의 수영방법과는 차이가 있다.

야외에서 손을 수면 위로 살짝 이동하고 있을 때 기대하지 않았던 파도가 닥치게 되면 손과 어깨는 물밑에 있게 되어 수영을 제대로 할 수 없다. 따라서 야외에서 제대로 스트로크를 하려면 팔을 수영장보다 높게 쳐들고 빨리 이동시켜야 한다. 물위에서의 동작이 좋아야 물밑에서도 잘 할 수 있다. 물위에서의 스트로크 시간이 적으면 적을수록 파도와 물결의 영향을 적게 받는다.

보트가 지날 때를 제외하면 파도는 일반적으로 같은 방향으로 치게 되는데, 우측으로 숨쉬는 사람에게 우측에서 파도가 치면 그 사람이 아가미로 호흡하지 않는 한 굉장한 불편을 감수해야 한다. 따라서 야외에서 수영할 때는 양쪽(bilateral)으로 호흡하는 방법을 적용해야 한다.

8) 물보라

어떤 사람들은 파도가 물보라(breaker)로 바뀐 것을 즐기기도 한다. 수영이 빠르지 않은 사람들에게는 물보라가 큰 장애물이 될 수밖에 없기 때문에 물에 들어가기 전에 심사숙고해야 한다. 물론 파도가 물보라로 바뀌기 전에 수영하는 것을 선호하지만 파도는 수심이 얕으면 물보라로 바뀌게 된다. 큰 파도는 수심이 깊은 곳에서 발생하기도 하기 때문에 해안에서 멀리 떨어진 곳에서도 미리 물보라로 전환될 수도 있다. 파도를 유심히 관찰할 필요가 있다. 15cm의 작은 파도가 해안에서 크게 부서질 수도 있고, 반대로 큰 파도가 해안에서 소실될 수도 있기 때문이다.

대부분의 경우, 파도의 최대 크기는 예상이 가능하다. 파도를 수분간 응시하

III. 수영 연습

여 얼마나 크게 얼마나 멀리 가서야 물보라로 바뀌는지를 관찰한다. 항상 같은 주기와 진폭으로 파도가 치는 것은 아니지만 수영하기에 가장 좋은 지점의 선정이 파도가 부서지는 지점에 의해서 직접적인 영향을 받기 때문에 아주 중요하다. 물보라와 해안 사이에서는 유속이 빠르게 유입 유출이 반복된다. 자신의 보존본능을 가진 대부분의 사람들은 이 구간에 서 있지 않으려고 할 것이고, 서 있으려고 시도해도 유속에 의해서 밀려나게 된다.

물보라 직후에는 물의 굽이침(swell)으로 인해 수영하기가 매우 힘들다. 그 외에도 보다 더 큰 파도가 오면 물보라가 되기 전에 통과를 못 할 수가 있다. 무의식중에 떠 있는 것은 야외수영에서 다르다. 물보라가 되기 훨씬 전에는 굽이침이 적기 때문에 훨씬 수영하기 쉽다. 물보라가 형성되기 전에 일정 거리를 넘어서면 굽이침의 크기에 전혀 영향을 받지 않는다. 따라서 물보라와 해안으로부터 멀리 수영할 수 있다.

요령은 가능한 한 빨리 물보라를 넘어서고 그 이후에 수영을 하며 해안으로 돌아올 때도 가능한 한 빨리 물보라를 통과해야 한다. 물보라를 지나거나 해안으로 돌아올 때 가장 명심해야 할 것은 물을 헤쳐나가지 말라는 것이다. 물에 의해서 조금씩 밀려나는 것을 두려워하지 말고 조금씩 밀리더라도 물보라보다는 낫다. 이외에도 물보라를 통과할 때 몸의 위치를 그대로 보존할 수 있는 요령은 다음과 같다.

① 파도 밑으로 **통과**하는 것이 가장 좋은 방법이다. 물보라가 치기 직전에 파도벽을 뚫고 파도 속으로 진입하면 실제로는 그 자리에 있게 된다. 이미 파도가 부서져서 물보라가 되었다면 그 위로 수영을 시도하지 않는 것이 좋다. 다른 좋은 방법은 의식하지 않고 떠 있는 것이다. 아니면 파도 밑으로 통과하라. 머리 위로 물보라가 해안 쪽으로 지나치고 그 밑은 비교적 잔잔하다. 물보라가 오기 전에 잔잔한 곳을 찾아라. 아직은 잔잔하지 않을지 몰라도 해안 쪽으로 밀리지는 않을 것이다. 거친 부분이 지나가면 파도가 지나고 다시 수면 위에 있게 된다. 순식간에 다시 파도가 칠 것에 대비하여 숨쉬는 것을 잊어서는 안 된다. 만약 파도가 다시 몰려오면 가능한 한 빨리 숨을 몰아쉬고 다시 물 안으로 들어가서 파도가 지나간 뒤 심호흡하면 된다.

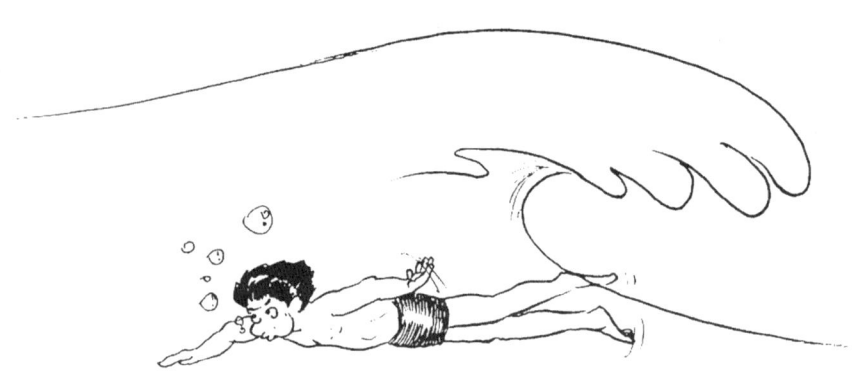

② 파도 위로 가는 방법도 있다. 파도가 작고 아직 낮은 곳에 있다면 뛰어넘으면 된다. 큰 파도가 물보라치기 시작할 때 떠서 지나치려고 한다면 해안 쪽으로 반 정도는 밀려나갈 것이다.

③ 파도를 헤쳐나간다. 이 방법은 뛰어넘기에는 파도가 너무 크고 밑으로 통과하기에는 너무 작은 경우에 이렇게 한다. 이 경우에 저항을 최소로 하기 위하여 몸을 옆으로 어깨나 엉덩이로 파도가 지나치게 몸을 돌려서 피해가는 방법이다.

일단 물보라를 지나치면 굽이침(swell)이 있다는 것을 명심해야 한다. 한 번은 허리 정도의 깊이에 또 한 번은 머리 위까지의 깊이에 있게 될 수도 있다. 굽이침에 있는 경우 헤쳐나가려고 하지 말고 그냥 떠 있도록 하라. 해안 쪽으로 약간 밀리게 될 뿐 많이 밀리지는 않는다. 파도가 한 번 지나치면 다시 수면이 낮은 상태가 되고 바다 쪽으로 빨려나가는 기분을 느끼게 된다. 밀리지 않으려고 하지 말고 그냥 그 물살과 함께 움직여라. 굽이침이 있기 전에 있었던 위치로 다시 되돌아가게 된다.

물보라를 지나면 수영은 비교적 쉽지만 일부 사람은 그곳을 영원히 헤쳐나가지 못한다. 이는 해안 쪽으로 다시 밀릴 수도 있다는 것이다. 물보라치는 파도는 그 파도를 헤쳐나가는 것보다 훨씬 빠른 속도로 해안 쪽으로 밀어낼 수 있기 때문이다. 수영하는 것보다 파도치는 것이 훨씬 빠르기 때문에 이런 경우라면 파도를 이용하여 이동할 수도 있다.

파도를 이용하는 것은 매우 쉽다. 몸을 유선형으로 만들고 파도에 떠밀리게끔 자세를 취한다. 하지만 파도 하나로 멀리 갈 수는 없다. 사이클 타면서 뒤따라가기(drafting)를 해본 적이 있으면 파도타기를 이해할 수 있다. 내리막에서 뒤따라가기는 매우 쉽지만 사이클군을 놓치거나 앞에 서면 따라가기 힘든 이치와 매우 유사하다.

물보라(breaker)가 치려고 할 때 파도의 뒤에 위치한다면 파도를 이용할 수 없다는 것은 명백하다. 물보라치려고 할 때 파도의 앞에 있으면 그 파도에 의해서 멀리 밀리게 되지만 결국에는 파도가 앞서간다는 것을 많은 사람들이 잘 모르고 있다. 하지만 물보라치려고 할 때 파도의 꼭대기에 있으면 그 파도의 바로 전방에 머무를 수 있고 해안까지 한꺼번에 이동할 수 있다. 물보라치려고 할 때 한두 번 강하게 스트로크하면서 숨을 참고 몸은 유선형을 유지하며, 파도의 바로 전방에 머무르기 위해서 미친 듯이 발차기를 하면 된다.[25]

9) 흐르는 물에서의 수영

흐르는 물에서는 특별한 수영방법이 따로 없다. 잔잔한 물에서의 수영방법과 동일하다. 그러나 심리적으로는 다르다. 물살이 세지 않은 곳에서의 수영은 실제거리보다 더 수영할 수도 있다. 가능할지는 몰라도 훨씬 빨리 끝낼 수도 있다. 미국 샌프란시스코 해안에서 벌어진 10km 수영경기에서 선두의 기록이 40분도 못 미쳤다.[26] 그 정도 속도라면 달리더라도 빠른 속도이나 뛰는 것이 아니라 10km 수영이었다. 이는 금문교(Golden Gate Bridge) 부근의 물살이 그만큼 빠르다는 것을 의미한다.

---

25) 엘리트 선수들은 바다에서 경기하기 전에 반드시 파도를 이용하여 해안으로 돌아오는 연습을 한 후 경기에 임함.
26) 참고로, 하와이 세계대회의 수영 신기록은 3.9km에 46분 51초였음.

물살을 가로질러 수영하는 것은 다른 요령이 필요하다. 강과 같이 계속 흐르는 물에서는 수영목표를 상류로 잡아라. 어떤 경우에는 목표에 거의 도달할 수 있게 되나 어떤 경우에는 흐르는 물을 거슬러 올라가야 한다. 조수간만의 차이가 큰 곳에서는 나갈 때와 들어올 때, 물의 흐름 방향이 반대로 된다는 것을 알아야 한다. 결론은 들어올 때 자연적으로 호(arc)를 그리게 된다. 이런 경우에는 흐름을 헤쳐나갈 생각을 하지 말아야 한다.

IV. 사이클 연습

철인3종경기를 처음 시작하려는 사람에게 사이클의 구입은 경제적으로
가장 큰 부담이 될 것이다. 사이클 가격은 30~40만 원대의 국산부터
몇천만 원대의 수입품까지 다양하다. 가장 중요한 것은 구입할 사이클이
경기목적과 체격에 맞아야 한다는 것이다. 저자 역시 처음에는 국산 사이클을
구입했었으나 체격에 맞지 않는다는 것을 알고 나중에야 중고 조립품을 구입했었다.
사이클은 아이언맨 코스와 같이 장시간의 경기에는 반드시 체격에 맞춰야 한다.
따라서 가까운 사이클 전문점을 찾아서 체격에 맞는 프레임부터 선택하고
경제적인 상황에 맞게 나머지 부품을 선택하는 것이 필요하다.
이와 같이 하자면 중고 사이클을 구입하더라도 최소한 백만 원대가 될 수밖에 없다.
하지만 자신의 체격이 우리 나라 표준 정도 된다면 국산 사이클도 추천할 만하다.
실제로 98년 제주도에서 열린 철인3종경기에서 국산 사이클로도
몇 명의 선수가 완주했었다.

1. 사이클의 기본

다음 그림은 사이클을 도식하고 각 부분의 명칭을 기술한 것이다. 사이클 각 부분의 명칭을 알아야만 정확한 이해가 가능할 것으로 판단된다. 사이클 프레임의 크기와 안장의 위치는 신체조건에 따라 결정되기 때문에 명칭을 정확히 알고 있어야 자신의 체격조건에 맞는 사이클로 만들 수 있다.

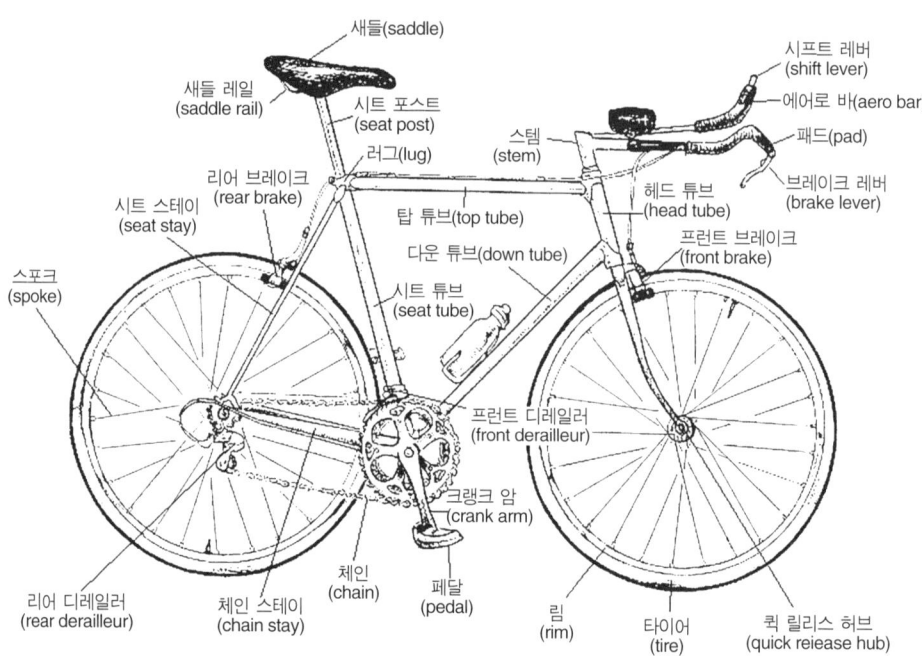

1) 프레임의 선정

사이클 전문점에 가면, 그곳에 있는 전문가는 찾아온 손님의 체격조건을 보

IV. 사이클 연습

▲ 1997년 세계대회에서 2위를 차지한 로리 보우던(Lori Bowden)의 사이클 역주 모습

고 사이클의 프레임을 추천한다. 여기서 프레임의 크기는 위의 그림에서 크랭크 축의 중심에서 럭(lug, 탑 튜브와 시트 튜브가 만나는 지점)까지의 거리를 의미한다. 전문점에서 찾을 수 있는 프레임의 크기는 대략 49cm에서 55cm까지이며, 이에 상응하는 신장은 155cm에서 180cm 정도까지가 된다. 하지만 같은 신장을 가진 선수라도 상체와 하체의 길이가 다를 수 있으므로, 가능하면 전문가의 조언에 따르는 것이 현명한 방법이다. 일반적으로 프레임을 선정할 때 필요한 신체 치수는 다음 페이지의 그림과 같다. 측정할 때 그림과 같이 양발을 약 60cm 벌인 상태에서 바닥으로부터 사타구니까지의 길이(1)와 흉골의 오목한 부분(목밑에 가슴뼈가 시작되는 부분)부터 사타구니까지의 길이(2)를 측정하고, 팔꿈치로부터 손목까지의 길이(3)를 측정한다. 또한 신장(4)과 몸무게도 필요하다.

2) 안장의 위치 조절

IV. 사이클 연습

안장의 위치는 매우 중요한 요소이다. 안장을 너무 높게 설치하면 페달에 힘을 제대로 전달할 수 없게 되고, 너무 낮게 설치하면 대퇴사두근에 피로가 빨리 온다. 따라서 안장의 높낮이는 사이클에 앉아서 페달이 맨 밑부분에 있을 때 발 뒤꿈치를 페달에 대고 무릎이 약간 굽은 상태가 최적의 위치가 된다. 더불어 체격에 맞도록 안장을 앞뒤로 조절해야 한다. 안장 밑에 안장 레일(saddle rail)의 고정위치를 조절하면 되는데, 앞뒤 조절은 앞의 그림과 같이 페달을 정확히 앞과 뒤에 위치시켰을 때 앞발의 페달 중심과 무릎관절의 중심이 수직을 이룰 때가 최적의 위치가 된다.

2. 사이클의 자세 및 정비 [27)]

다음의 그림은 사이클을 탄 상황에서 사람의 몸을 편의상 선으로 표시한 것이다. 몸을 단순히 지레라고 생각할 때, 대퇴부는 사이클에서 가장 중요한 부분에

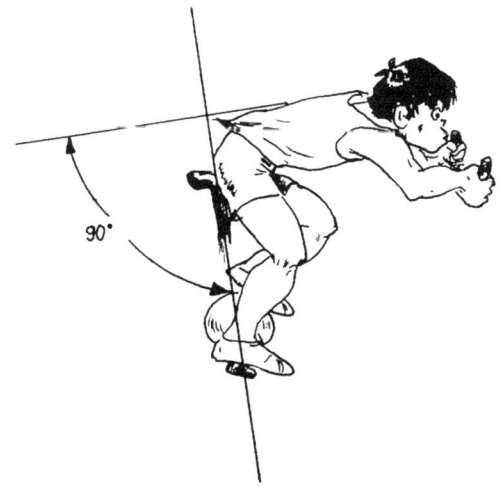

[註] 27) 자료 : http://www.rooworld.com/fit_set-up

해당된다. 이 지레의 효과는 엉덩이의 각도에 따라 크게 결정되는데, 다음의 그림과 같이 두 선의 교차각은 대략 90° 정도가 되어야 한다. 여기서 두 선이라 함은 엉덩이와 어깨를 잇는 선과 엉덩이에서 페달이 맨 아래 위치에 있을 때를 잇는 선을 말한다.

　사이클 경기를 할 때 보다 공기저항을 덜 받는 것이 시간을 줄일 수 있다. 그렇게 하자면 상체를 앞으로 굽혀 지면과 수평이 되면 공기저항이 최소가 될 것이다. 공기저항을 최소로 하기 위해서 최근에 많은 선수들이 에어로 바가 장착된 사이클로 경기에 참가하는데, 그 결과 아래 그림(우측)과 같이 상체를 앞으로 더 숙이게 되어 공기저항을 조금 더 줄일 수 있을 뿐만 아니라 상체의 체중을 좌측 그림과 같이 팔근육에만 의존하지 않고, 뼈로 핸들에 전달할 수 있어 페달에만 신경 쓰면서 경기에 임하면 된다.

　에어로 바가 없었던 시대에는 위의 그림에서 좌측이 완벽한 자세였으나, 불과 수년 사이에 에어로 바의 장착으로 공기저항을 줄일 수 있었기 때문에 에어로 바가 급속히 확산되었다. 에어로 바 없이 수년간 경기에 임했던 엘리트 선수들도 에어로 바의 장착으로 상체가 더 숙여지면서 모든 에너지를 페달 회전에만 집중할 수 있었다고 한다. 단순히 에어로 바만 장착한다면 상체를 더 숙이게 되어 엉덩이 각도가 90° 이상 될 수 있다. 프로선수들이 에어로 바를 장착하고 수

IV. 사이클 연습

년간 경기하면서 느낀 것은 엉덩이 각도는 그대로 90° 정도 유지되어야 한다는 것이다.

또 다른 하나는 많은 프로선수들의 '상대적인' 안장 각도는 78° 정도(76°에서 80°까지)를 유지한다는 것이다. 여기서 '상대적인'이란 실제 안장의 위치를 기준으로 측정하는 것이 아니라 엉덩이의 위치(정확히 엉덩이 관절의 위치)가 기준이 된다는 것이다. 즉, 같은 안장이라도 앉는 위치에 따라 각도가 다르기 때문이다. 또한 엉덩이의 위치는 사이클의 종류에 따라 인위적으로 조절할 수 있다. 일반적인 사이클은 안장 튜브가 있어 그 각도를 측정할 수 있지만, 소프트라이드(Softride)와 같이 안장 튜브가 없는 것도 있기 때문이다. 다음 그림에서 크랭크 축 중심부터 안장선단까지의 수평거리를 하단 우측 표에서 세로축(plumb line)이라 하고, 크랭크 축 중심부터 안장(윗부분의 중심)까지의 거리를 수평축이라 한다면, 각자 자신의 상대적인 안장 각도가 74°, 76° 또는 78° 인지를 측정할 수 있다. 일단은 78°가 유지되도록 하는 것이 좋다.

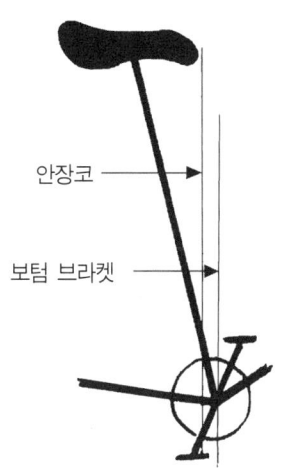

안장코

보텀 브라켓

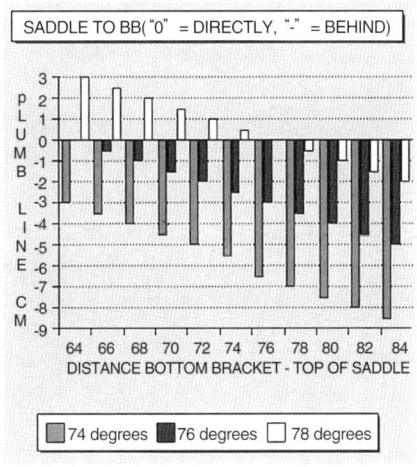

다음은 스템의 길이가 상체와 팔(어깨부터 팔꿈치까지)과 이루는 각도를 직각으로 유지되도록 조절해야 한다. 대부분의 프로선수들과 사이클 선수들이 이 각

83

도를 90°로 유지하고 있고 그래야만 허리 부분에 무리를 주지 않게 된다. 긴 다리와 짧은 상체를 가진 선수들은 이 각도가 90° 이상 되기 쉬운데, 이 경우 팔받이를 좀더 뒤로 설치해서라도 90°를 유지하는 것이 좋다. 이 경우 주의해야 할 사항은 페달링하다가 무릎이 팔받이에 닿지 않도록 설치해야 한다.

다음 그림은 팔받이의 적정한 높이를 규정한 것으로서 C는 팔받이의 가장 낮은 지점부터 안장의 윗부분까지의 거리를 의미한다. D는 보텀 브라켓의 중심부터 안장 윗부분의 중심까지의 거리를 말한다. 제시된 공식에서 맨 마지막 항의 ±1.5cm는 스템의 높이를 조절하여 그 오차 내에 들게 되면 안장 각도가 78°를 유지하게 됨을 의미한다.

$$C = 0.005D^2 - 0.2D - 1.5 \pm 1.5$$

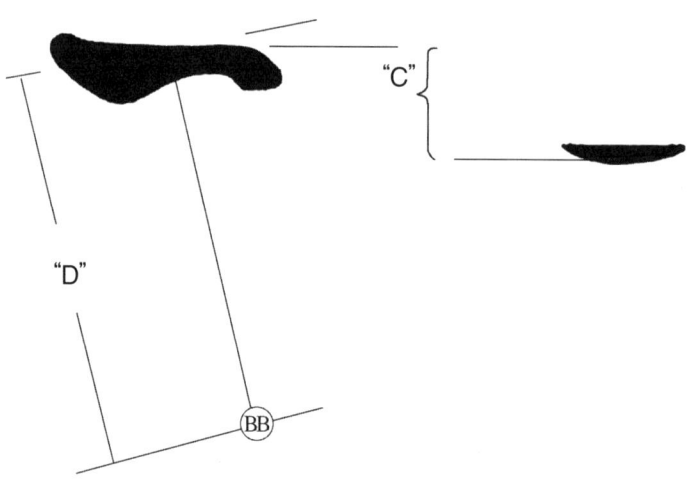

약 78°의 안장 각도가 유지된다면 상체와 팔이 이루는 각도가 직각이 되고, 엉덩이부터 어깨가 이루는 직선과 페달이 지면과 제일 가까울 때 엉덩이부터 그 발까지의 직선도 직각을 이루게 된다. 위의 조건을 만족한다면 팔받이는 안장보

IV. 사이클 연습

다 약간 낮게 설치되어야 한다. 플러스 1.5cm와 마이너스 1.5cm는 3cm의 차이가 있다는 것을 의미하는데, 플러스 1.5cm를 '최소 적극적인 자세'라고 부르고, 마이너스 1.5cm를 '최대 적극적인 자세'라고 부른다. 대부분의 프로선수들은 이 범위 안에서 팔받이를 설치한다. 하지만 초보자들은 대개 팔받이를 안장보다 높게 설치하게 되는데, 사이클에 익숙하게 되면 팔받이의 위치가 내려가게 되고 위의 조건에 맞게 설치하게 된다. 팔받이의 위치는 자신에게 맞게 결정되어야 하는데, 세계적인 사이클 선수인 위르겐 작(Jürgen Zack)과 스펜서 스미스(Spencer Smith)는 위의 범위에서 최소 적극적인 자세에 가깝다. 일반적으로 사이클을 힘으로 타는 선수들은 다소 최소 적극적인 자세로 팔받이를 위치시킨다.

▲ 시트 튜브(Seat Tube)가 없는 소프트라이드(Softride)사의 제품

3. 공기저항을 고려한 프레임 [28]

철인3종경기에서 정상적인 사이클 속도라면 공기저항을 극복하기 위해서는 그 선수 힘의 80~90% 정도로 페달링해야 한다. 전체 저항의 대략 2/3는 선수의 신체로 인한 저항 때문이고 1/3 정도만 사이클에 의한 공기저항이다. 무게는 큰 영향을 미치지 않고 언덕길이나 도로 선형이 급변하는 곳에서 영향을 미칠 뿐이다. 따라서 공기저항을 줄이기 위한 대책은 선수가 운동역학적인 효과를 살리는 범위 내에서 공기저항을 최소한으로 할 수 있는 자세에서 찾아야 하고, 그 자세로 탈 수 있으며 자체가 저항을 많이 받지 않는 사이클이어야 한다. 이와 같이 자세를 수정하고 사이클도 교환하면 40km의 사이클 경기에서 3~5분 정도 빨라질 수 있다.

1) 공기역학

공기저항을 줄일 수 있는 가장 좋은 자세는 등(몸)이 가능한 한 수평을 유지하는 것이 좋고 운동역학적인 측면에서는 엉덩이 각도가 눌리지 않는 것이 좋다. 과거에 사이클을 타던 많은 선수들은 위의 2가지 목적을 달성하기 위해서 보텀 브라켓(bottom bracket) 주변을 크게 회전시키면서 탔었다. 이렇게 하자니 안장은 앞부분에 위치되었고, 24인치나 26인치 크기의 앞바퀴에 장착할 수 있는 에어로 바는 낮게 설치되어야 했다. 그러나 일부 사이클은 기존 사이클과 같은 크기를 유지하기 위해서 26인치 앞바퀴에 꽤 긴 헤드 튜브를 장착하기도 한다. 이런 사이클은 헤드 튜브가 공기역학적으로 투박하고 스템보다도 직경이 크기 때문에 에어로 바의 위치가 낮게 달려야만 할 뿐 아니라 저항도 증가하게 된다. 이는 일부 실험에서도 26인치 사이클이 27인치 사이클보다도 저항이 큰 것으로 증명된 것과 일치한다.

註 28) 자료 : Vroomen, Gerard, http://ww.bpr.com/triathlon/aerodyna.htm

Ⅳ. 사이클 연습

▲ 유럽 선수권대회의 사이클 경기 장면

2) 튜브 형상

수평으로 설치되지 않은 튜브(특히 위아래로 설치된 튜브와 안장 튜브)는 저항을 최소화한 형상이 되어야 한다. 형상이 둥글거나 각이 진 것은 좋지 않고 타원형으로 생긴 것이 더 좋으며, 유선형(airfoil)으로 생긴 튜브는 원형 튜브보다 약 80%의 저항을 감소시킨 것으로 나타났다. 또한 얇은 튜브가 굵은 튜브보다 낫다. 그러나 일부 공기역학적으로 설계된 사이클이 적절한 강도를 유지하기 위해서 굵은 튜브를 사용하는 것과 같이, 직경은 강도에 영향을 미친다. 튜브의 강도는 적당한 직경이 유지되어야 하고, 내부에 강도를 강화시키거나 굵기를 다르게 함으로써 강도를 강화시킬 수 있다.

4. 사이클 공기역학 [29]

1) 개요

오늘날 사이클, 바퀴, 헬멧 및 핸들은 공기저항을 최소화시킨 형상으로 발전을 거듭해 왔다. 하지만 얼마나 정확히 공기저항을 줄일 수 있고, 사람들이 얼마나 공기역학의 중요성에 대해서 알고 있는지는 의문이다.

이번에는 공기역학이 무엇인지 그리고 어떻게 측정하는지를 서술하고, 공기역학과 속도를 기초로 사이클 파워 예측방법의 수학적 모형을 소개하고자 한다. 그 다음은 선수를 4개 군으로 분류하여 개략적인 사이클 파워를 측정하고자 한다. 수학적 모형은 탑승자세와 바퀴 및 차체에 따른 공기역학적 효과를 예측하는 데 적용된다. 또한 모형은 평지와 언덕길에서의 차이를 예측하고, 사이클의 무게와 공기저항을 줄였을 때의 상관관계 및 5마일(8km/h)과 10마일(16km/h)의 바람에 대한 상대적인 상관관계에 대한 것이다.

2) 공기저항

달리고 있는 차에서 창문 밖으로 손을 내밀고 손에 닿는 공기저항이 얼마나 되는지 시험해 보면 예상보다 많은 힘을 받고 있다는 것을 느낄 수 있다. 사이클과 탑승자의 공기저항은 통풍실험실에서 행하는데, 실험대상(사이클과 인간모형[30])을 넘어지지 않도록 고정시킨 후 약 50km/h의 바람을 통과시켜 공기저항을 측정한다. 측정단위는 통상 30mph(50km/h)에서 몇 파운드라고 표현한다. 공기저항은 공기의 밀도와 속도 그리고 측정할 물체의 전(前)면적과 유형을 적용해서 다음 식에 의해서 계산된다.

---

29) 자료 : Martin, J., http://www.cervelo.com/article5.html
30) 더미(dummy)라고 부른다.

IV. 사이클 연습

$$F = \frac{1}{2} r C_d A V_t^2$$

여기서,
F : 저항
r : 공기밀도
$C_d A$: 견인계수와 전면적의 곱
V_t : 통풍실험실에서의 공기속도(m/sec)

위의 식에서 속도에 따른 저항을 계산하려면 V_t^2으로 나누면 된다. 또한, 한 걸음 더 나아가 파워는 힘과 속도의 곱이 되고 파워는 탑승자와 사이클을 공기 중에서 앞으로 미는 힘이 되며 주어진 속도에 따라 다음 식으로 계산된다.

$$P = \frac{1}{2} r C_d A V_a^2 V_g$$

여기서,
p : 공기 중의 파워
V_a : 공기 중의 속도(노상속도 + 앞바람 속도)
V_g : 노상속도

▲ 통풍실험실

3) 사이클 파워 모형

공기저항은 평지를 타는 동안 가장 큰 저항으로 표현된다. 그러나 사이클을 타는 데 필요한 전체 파워는 다소 복잡하고, 다음과 같은 5가지 요소로 구분된다.

① 공기 중에 탑승자와 사이클을 앞으로 미는 힘($\frac{1}{2}rC_dAV_a^2V_g$) (약 85%)
② 구동저항에 필요한 힘($C_{RR}W_TV_g$) (5~15%)
③ 바퀴를 회전시키는 힘($F_WV_g^3$) (약 1%)
④ 언덕길에서 중력을 극복하는 데 필요한 힘($W_TV_g\tan^{-1}$ 구배)) (변화가 심함)
⑤ 사이클의 드라이브와 베어링의 마찰에 의한 손실(체인이 넘어가는 것을 제외하면 극소)

위에서 C_{RR}은 구동저항 계수로서 아스팔트 포장 위에서 값은 약 0.0024이고, W_T는 사이클과 탑승자의 무게(Newton 단위)가 된다. 또한 V_g는 노상속도이고 F_W는 바퀴를 회전시키는 데 필요한 힘과 관련된 계수이다. 이 값의 범위는 크게 벌어지는데, 여기에서는 에어로 휠은 0.0027, 일반 바퀴는 0.0044를 적용했다.

더불어 탑승자가 낼 수 있는 힘과 주어진 속도에 필요한 힘이 차이가 있을 때는 차이만큼 가속 또는 감속하는 것으로 가정했다. 이와 같이 모든 것을 감안했을 때 사이클의 파워는 다음 식으로 계산된다.

$$P = \frac{1}{2}rC_dAV_a^2V_g + C_{RR}W_TV_g + F_WV_g^3 + W_TV_g\sin(\tan-1(구배))$$

물론 위의 식은 수학적인 모형으로서 실제와 일치할지는 장담할 수 없다. 위의 식에 대해서 타당성을 시험하기 위하여 3가지 속도에 대하여 여러 사람을 사이클에 탑승시켜 통풍실험실에서 저항값을 측정하였다.

실험 중 파워는 SRM 크랭크를 사용하였고, 바람은 풍력계를 이용하여 측정하였다. 결과는 수학적 모형을 이용한 값과 실험치와의 표준편차는 3W보다 적었기에 실제상황에 적용할 수 있는 모형임이 입증되었다.

4) 사이클 파워의 평가

탑승자가 발휘할 수 있는 힘을 모른다면 주어진 속도에서 필요한 힘을 알 수 없다. 사이클과 달리기에 잘 훈련된 선수로서, 달릴 때 평균 소요 칼로리가 1.0kcal/kg/km, 평균 사이클 효과(전체 사이클 효과의 19%)를 지속적으로 낼 때의 파워는 다음 식으로 간단히 계산할 수 있다.

$$\text{Power(watts)} = \frac{132 \times 체중(kg)}{10km\ 달리기\ 소요시간(분)}$$

파워는 생리학 실험실에서 측정하는 것이 가장 정확하지만, 〈표 1〉과 같이 개략적으로 4개 그룹[31]으로 분류한 후, 앞의 식을 이용하여 선수들이 발휘할 수 있는 힘을 계산하였다. 여기서 제시된 힘은 여러 가지 조건에서 공기저항을 계산하는 데 사용된다.

<표 1> 체중이 **70kg**인 선수가 발휘할 수 있는 파워의 그룹

	그룹 1	그룹 2	그룹 3	일반
10km시간(분)	35	40	48	60
파워(W)	264	231	192	154

---

31) 그룹 1은 엘리트 선수, 그룹 2는 잘 훈련된 선수, 그룹 3은 훈련된 선수.

5) 탑승자세에 따른 공기저항

일반적으로 사이클의 공기저항에 많은 관심을 갖고 있지만, 공기역학적으로 가장 중요한 것은 사이클과 탑승자의 조화이다. 70kg의 체중을 가진 사람이 일반 자전거에 탑승할 경우 약 8파운드의 공기저항을 받게 되고, 보다 좋은 자세로 탑승하면 7파운드로 줄어들며, 가장 정확한 자세를 취하면 6파운드까지 감소된다.

이 값을 기초로 앞서 제시된 식을 적용하면 바람이 없는 상태에서 평탄한 노면을 주행할 때 각 자세에 대한 효과를 예측할 수 있고, 그 값은 〈표 2〉에 제시된 바와 같다. 놀라운 것은 파워가 같은 상황에서 자세만 정확하게 취하면 약 6분까지 차이가 나는 것으로 분석되었다.

공기저항을 줄이기 위한 중요한 요소는 다음과 같다.

<표 2> 40km 주행시 예상시간(평지, 일반 바퀴 사용)

자세	30mph에서의 저항	그룹 1	그룹 2	그룹 3	일반
40 km 주행시간					
보통	8	62 : 49	65 : 51	70 : 16	76 : 01
양호	7	60 : 14	63 : 07	67 : 22	72 : 57
우수	6	57 : 23	60 : 10	64 : 07	69 : 47
자세에 따른 시간 차이					
자세	30mph에서의 저항	그룹 1	그룹 2	그룹 3	일반
양호	7	-2 : 35	-2 : 44	-2 : 54	-3 : 04
우수	6	-5 : 26	-5 : 41	-6 : 09	-6 : 14

(1) 노면과 수평한 자세

탑승한 선수의 상체가 노면과 수평을 유지하는 것을 말한다. 이는 공기저항을 줄이는 데 있어 가장 중요한 요소가 된다. 그러나 이렇게 자세를 취하게 되면

Ⅳ. 사이클 연습

다리가 몸에 와서 닿게 된다. 기존 자전거의 기하구조(예를 들면 안장 튜브 각도가 73~75°)는 공기저항을 받게 될 수밖에 없다. 이러한 제한을 극복하기 위하여 보다 앞으로 앉게 되면 몸 전체가 자전거의 앞으로 쏠리게 된다.

  이와 같이 앞으로 앉고 스템을 낮게 설치하면 공기저항을 줄일 수 있는 좋은 자세이긴 하나 균형이 잘 잡히지 않게 되고, 주행시 위험할 수도 있다. 좋은 방법은 프레임 자체가 그렇게 형성된 것을 구입하는 것이다. 그러나 이러한 자세는 두 가지 불편한 점도 있다. 첫 번째이자 중요한 것은 몸을 수평으로 유지하기 위하여 보다 더 엉덩이 부분을 앞으로 회전시켜야 하고, 안장에 닿는 부분은 부드러운 재료로 설치되어야 한다. 특히 이러한 자세를 취하게 되면 사이클 선수들이 많이 걸리는 전립선염을 악화시킬 수 있다. 따라서 체중을 안장 전체에 걸쳐 분산시킬 수 있는 인체공학적 안장을 설치하는 것이 좋다.

  일부 선수들은 이러한 문제점을 해결하기 위하여 안장을 앞쪽으로 기울여 설치하기도 하는데, 이렇게 설치하면 안장에서 앞쪽으로 미끄러지게 되고 결국 어깨와 팔의 근육에 더 많은 부담을 주게 된다. 두 번째는 이와 같이 탑승하게 되면 처음 몇 번은 뒷목에 통증이 오게 되는데, 목의 통증은 시간이 지남에 따라 적응되게 되고 스트레칭과 마사지로 통증을 감소시킬 수 있다.

(2) 좁은 어깨폭 유지

좁은 어깨폭을 유지하는 것이 공기저항을 줄일 수 있는 근본적인 자세이다. 그러나 공기저항의 관점에서 몸을 수평으로 유지하는 것보다는 훨씬 덜 영향을 받는다.

분 레논(Boone Lennon)의 연구결과에 의하면 어깨폭과 에어로 바의 각도가 저항과 밀접한 관계가 있다고 한다. 그의 연구는 기존 자전거에 컵 모양으로 몸을 유지하여 공기저항의 효과를 측정한 것이다. 몸을 수평으로 유지한 최근 자료에 의하면 큰 효과는 없는 것으로 나타났다. 이 결과에 대하여 신빙성이 없는 이유는 수평으로 유지한 탑승자세가 공기저항에 큰 영향을 주지 않는다고 보고되었다.

(3) 좁은 무릎폭은 약 1/2파운드까지 저항을 줄인다

무릎을 탑 튜브 근처까지 페달링하는 것이 공기저항을 덜 받게 된다.

(4) 자세와 파워의(반비례의) 상관관계

나쁜 자세일수록 파워가 떨어질 수 있지만 좋은 자세는 상관없다. 1995년도에 하일(Heil) 등이 조사한 바에 의하면 일정한 파워에 대하여 몸과 넓적다리의 각도가 적으면 적을수록 심장혈관의 스트레스가 증가한다고 한다. 따라서 어깨가 낮으면 안장을 보다 앞으로 설치하여 몸체는 수평으로 유지하면서 몸과 넓적다리의 각도를 어느 정도 유지하는 것이 좋다.

6) 바퀴형상과 공기저항

에어로 휠의 효과는 탁월하다. 그러한 휠은 스포크가 원형 철사로 된 일반 휠과 비교하면 약 0.4파운드가량 저항을 감소시키고, 회전시키는 데 필요한 파워는 반밖에 안 된다.

비교를 위해서 사용된 사이클의 앞바퀴는 Specialized 3 스포크를, 뒷바퀴는 렌즈처럼 볼록한 디스크 휠을 장착했다. 〈표 3〉은 40km 주행시 예상시간을 비교한 것이다.

표에 제시된 바와 같이 일반 휠과 에어로 휠의 차이는 약 1~2분 정도로 나타났다.

<표 3> 40km 주행시 예상시간 (평지, 에어로 휠 사용)

40km 주행시간					
자세	30mph에서의 저항	그룹 1	그룹 2	그룹 3	일반
보통	7.6	61 : 40	64 : 38	68 : 54	74 : 39
양호	6.6	58 : 58	61 : 47	65 : 55	71 : 23
우수	5.6	55 : 57	58 : 39	62 : 35	67 : 47
에어로 휠을 사용했을 때의 시간 차이					
자세	30mph에서의 저항	그룹 1	그룹 2	그룹 3	일반
보통	7.6	-1 : 09	-1 : 13	-1 : 22	-1 : 22
양호	6.6	-1 : 16	-1 : 20	-1 : 27	-1 : 34
우수	5.6	-1 : 26	-1 : 31	-1 : 32	-2 : 00

7) 프레임과 공기저항

프레임 역시 공기저항을 줄일 수 있는 요소이다. 가장 좋은 프레임은 원형으로 된 프레임과 비교할 때 추가로 0.3파운드 정도 공기저항을 줄일 수 있다. 프레임에서 공기저항을 줄이기 위한 중요한 부분은 선단(포크, 헤드 튜브, 핸들 바)과 두 다리 사이 부분이 된다. 프레임 중에서 유선형(air foil)으로 된 선단과 안장 튜브를 설치하면 공기저항을 줄일 수 있다.

〈표 4〉는 그러한 프레임과 일반적인 원형 프레임과의 주행시간을 비교한 것이고, 결과는 약 1분 정도 차이가 나는 것으로 나타났다.

<표 4> **40km 주행시 예상시간** (평지, 에어로 휠과 에어로 프레임 사용)

	40 km 주행시간				
자세	30mph에서의 저항	그룹 1	그룹 2	그룹	3 일반
보통	7.3	60 : 53	63 : 47	68 : 04	73 : 40
양호	6.3	58 : 05	60 : 51	64 : 55	70 : 21
우수	5.3	54 : 59	57 : 39	61 : 30	66 : 38
	에어로 프레임을 사용했을 때의 시간 차이				
자세	30mph에서의 저항	그룹 1	그룹 2	그룹 3	일반
보통	7.3	- 0 : 47	- 0 : 51	- 0 : 50	- : 59
양호	6.3	- 0 : 53	- 0 : 56	- 1 : 00	- 1 : 02
우수	5.3	- 0 : 58	- 1 : 00	- 1 : 05	- 1 : 09

8) 사이클의 무게

사이클의 무게에 관해서는 많은 선수들이 관심을 갖고 있다. 그러나 사이클의 무게는 기대했던 만큼 큰 영향을 주지는 않는다. 무게의 효과를 측정하기 위해

Ⅳ. 사이클 연습

서 공기저항을 줄일 수 있는 사이클 두 대(각각 22파운드와 17파운드)와 공기저항을 비교적 많이 받는 사이클 한 대(17파운드)로 시험하였다. 시험구간의 도로 구배는 3% 되는 20km 구간을 왕복하도록 하였으며, 시험결과는 〈표 5〉와 같다.

언덕길은 평지보다 7분에서 17분 더 소요되었다. 오르막에서 아주 가벼운 사이클은 약 27초에서 57초까지 시간을 줄일 수 있었으나 예상보다는 큰 차이는 없다는 것이다. 그러나 사이클이 5파운드 더 가볍더라도 자세가 나빠서 0.5파운드의 저항을 더 받게 되면 시간은 오히려 23초에서 48초까지 더 소요되었다. 한 가지 재미있는 결과는 가벼운 사이클은 느린 선수에게 더 많은 시간절약을 가져다 주었다는 것이다.

<표 5> **40km 주행 예상시간** (3% 구배 왕복)

사이클 무게	구배(%)	30mph에서의 저항	그룹 1	그룹 2	그룹 3	일반
22파운드	3	6.3	65 : 04	69 : 38	76 : 55	87 : 24
17파운드	3	6.3	64 : 37	69 : 05	76 : 12	86 : 27
17파운드	3	6.8	65 : 52	79 : 22	77 : 31	87 : 47
0.5파운드 공기저항 더 받고			+6 : 59	+8 : 47	+12 : 00	+17 : 03
5파운드 가벼운 사이클의 시간 차이			- 0 : 27	- 0 : 33	- 0 : 43	- 0 : 57
평지와의 시간 차이 5파운드 무게에 대한 시간 차이			+0 : 48	+0 : 44	+0 : 36	+0 : 23

9) 앞바람의 영향

이제까지는 바람이 없는 상태에서 40km의 소요시간을 평가하였으나 실제로 바람이 없는 상황은 거의 없다. 뒷바람보다 앞바람에서의 소요시간이 훨씬 많기 때문에 바람의 영향은 실로 매우 클 뿐만 아니라 앞바람이 불 때의 속도가 평균속도에 큰 영향을 미친다.

〈표 6〉은 40km의 거리 중 20km는 앞바람, 20km는 뒷바람이 각각 5mph와 10mph의 속도로 불 때, 평지를 왕복하는 데 소요되는 시간을 제시하고 있다.

<표 6> 40km 주행시 예상시간 (평지 왕복, 바람 영향권, 우수 자세)

40 km 주행시간					
풍속	30mph에서의 저항	그룹 1	그룹 2	그룹 3	일반
0mph	6.3	58:05	60:51	64:55	70:21
5mph	6.3	58:45	61:39	65:52	71:31
10mph	6.3	60:48	63:58	68:40	75:02
바람에 의한 시간 차이					
풍속	30mph에서의 저항	그룹 1	그룹 2	그룹 3	일반
5mph	6.3	+0:40	+0:48	+0:57	+1:10
10mph	6.3	+2:43	+3:07	+3:45	+4:41

10) 종합분석

일정 속도에서 필요한 사이클 파워는 수학적 모형에 의해서 예상할 수 있다. 일반적으로 느린 선수가 공기저항을 줄인 장비를 이용할 경우 더 많은 시간을 줄일 수 있는 것으로 나타났다. 여기서 주목해야 할 것은 탑승자세를 정확히 하는 것이 공기저항을 줄이고 시간을 줄일 수 있는 것으로 나타났는데, 그 차이는 40km 주행시 6분 이상인 것으로 분석되었다.

일반적으로 사용되는 바퀴가 장착된 일반 자전거를 정확한 자세로 탑승하는 것이 에어로 프레임에 에어로 휠이 장착된 사이클을 보통 자세로 탑승하는 것보다도 3분 내지 4분 정도까지 빠른 것으로 분석되었다. 이는 탑승자세가 얼마나 중요한지를 증명하는 것이다.

Ⅳ. 사이클 연습

 에어로 휠을 장착하면 0.4파운드 정도 공기저항을 줄일 수 있고, 40km 주행시 1분 내지 2분의 시간을 절약할 수 있으며, 에어로 프레임은 0.3파운드의 공기저항을 줄이고 주행시간을 더 줄일 수 있는 것으로 나타났다.
 사이클의 무게는 공기저항을 줄이는 것과 비교할 때 언덕길에서도 미미한 것으로 분석되었다. 마지막으로 바람이 불면 뒷바람보다도 앞바람에서 소요되는 시간이 더 많기 때문에 전체적으로 소요시간이 더 많게 되고, 앞바람과 뒷바람의 평균을 적용할 수 없다는 것이다.

5. 사이클링 [32]

1) 페달링

 철인3종경기의 사이클 페달 회전수는 분당 80회에서 90회가 최적이다. 회전시 발과 종아리가 이루는 발목 각도는 옆에서 볼 때, 9시 방향(최대 힘을 주는

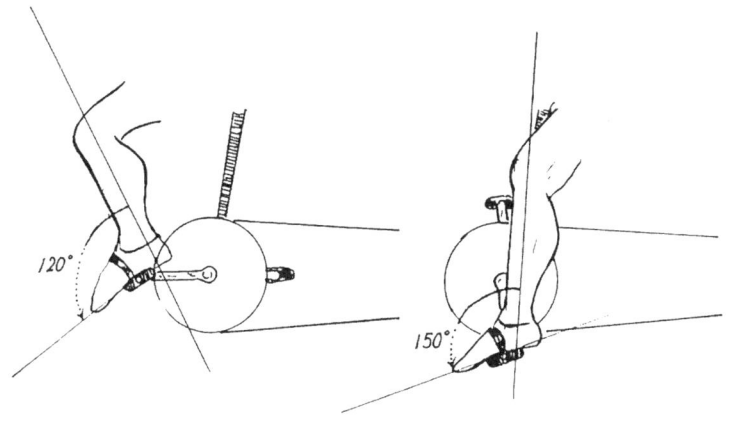

32) 자료 : Scott, Dave, Triathlon Training, 1986

시기)에서는 120°가 넘지 않도록 해야 한다. 그 각도를 넘게 되면 종아리에 쥐가 날 수 있다. 6시 방향, 즉 페달이 최저점에 있을 때의 발목 각도는 150° 정도 유지하는 것이 좋다.

2) 댄싱

언덕길을 올라갈 때는 안장에 앉아서 페달을 밟는 것보다 일어서서 페달을 밟는 것이 훨씬 쉽고 효과적이며, 대퇴사두근(quadriceps)에도 무리가 덜 가게 된다. 그 모습이 춤추는 것과 같다 하여 이를 댄싱이라고 한다.

댄싱 방법은 안장에서 일어서서 페달링할 때 아래 그림과 같이 우측의 페달이 내려가는 시기라면 몸을 오른쪽으로 기울이면서 우측발에 체중을 싣고 페달링한다. 이때 우측팔은 끌어당기고 좌측팔을 밀면 그림과 같이 사이클은 좌측으로 기울어지게 된다.

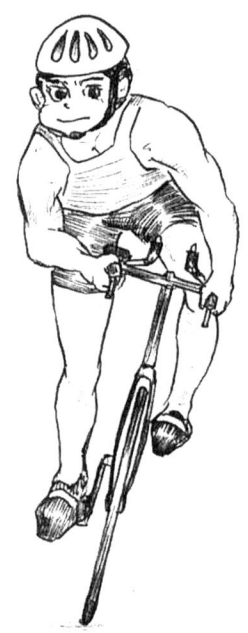

3) 훈련방법

① 분당 회전수를 85회를 유지하도록 기어를 위치시켜라. 시즌 전에 무산소 한계(AT), 장거리, 최대 산소섭취량 등을 연습할 때 분당 회전수를 80회 유지하게 되는데, 경기 상황을 고려해서 기어 위치를 다양하게 연습할 필요성이 있다.

② 통풍시설(wind-load simulator)에서 훈련하라. 자전거에 부착할 수 있는 통풍시설은 속도를 증가시키고 춥고 비오는 겨울철이 기술적으로 연구할 수 있는 시기이다. 이 시설은 물론 실제 바깥에서 부는 만큼 바람 저항을 느낄 수는 없고, 핸들링도 기대할 수 없다. 하지만 바깥에서 하듯이 기어를 변환하고 서서 탈 수 있어 효과적인 결과를 얻을 수 있다. 실제 바깥에서와 같이 체온을 식히지는 못하므로 팬(fan)을 켜서 외부와 같은 바람 효과를 얻는 것이 좋다.

③ 겨울철에 체력이 저하되는 것을 걱정하지 마라. 추운 기후에서는 피가 장기를 보온하기 위해서 몸통으로 몰리게 된다. 따라서 팔과 다리에는 피의 순환이 억제되고 산소의 공급이 충분하지 않기 때문에 전체 속도가 줄어들 수 있다. 하지만 그 시기에 적절한 훈련을 하고 있다면 걱정하지 않아도 되고, 제대로 하고 있다고 판단해도 좋다. 따뜻한 계절이 돌아오면 원래 속도로 되돌아오게 된다.

④ 라이크라(Lycra) 복장은 호흡을 방해한다. 보기는 좋지만 중요한 문제점을 갖고 있다. 그 복장은 피부에 달라붙고 체온을 보호하지 못하며, 숨쉬기에 불편하다.

⑤ 드레프팅(Drafting)이 경기에서는 금지되어 있지만 훈련 중에는 좋은 훈련이 될 수 있다. 그룹을 이루어 사이클을 타면 혼자 타는 것보다 빨리 탈 수 있다. 이렇게 드레프팅을 하게 되면 모두가 열심히 타게 되고 혼자 탈 때보다 더 열심히 타게 되며, 드레프팅하는 동안 조금 더 쉴 수 있게 된다. 하지

만 실제 경기에서는 절대 드래프팅을 해서는 안 된다.

⑥ 짧은 거리의 경기에서는 코스를 미리 파악해서 코너를 어떻게 회전할 것인 가를 생각한다. 경기 전에 사이클 코스를 미리 답사함으로써 모든 곡선부와 구배(언덕)부를 알 수 있다. 이러한 연습을 통해서 실제 경기에서 이용할 가장 좋은 코스를 선택하고 눈을 감고도 탈 수 있도록 여러 번 연습하는 것이 좋다. 곡선부를 잘 통과하면 사이클 코스에서 많은 시간을 절약할 수 있다.

프로 2년차인 조안나 자이거(Joanna Zeiger)의 사이클 훈련방법은 총 2시간 정도가 된다. 첫 30분은 회전을 쉽게 하고, 10분은 빨리, 15분은 천천히 회전시킨다. 언덕 훈련은 3분씩 5회 반복하고 45분 정도 마무리운동을 한다. 이와 같이 언덕 훈련을 하게 되면 다리의 근육을 강화시키고 힘과 지구력이 증대된다. 언덕은 너무 경사가 급하지 않고 길이가 긴 언덕이 좋다. 언덕을 오를 때 안장에 앉아서 페달을 회전시키고, 분당 회전수를 80회 정도로 유지시킬 수 있는 기어를 선택한다. 훈련에 적응되면 큰 기어를 사용하되 회전수는 80회를 유지해야 한다. 훈련시에 심박수는 인터벌 훈련할 때보다 낮아야 한다. 그녀가 강조하는 것은 부상을 입지 않기 위해서는 사이클이 체격에 맞는 것이어야 한다는 것이다. 비싼 것보다는 몸에 맞는 것이 더 중요하다. 또한 철인경기와 같이 긴 거리의 경기를 위해서는 사이클의 훈련거리를 점차 증가시켜야 한다.

1997년 하와이 철인경기에서 6위를 한 카메론 위도프(Cameron Widoff)는 강도 높은 긴 인터벌 훈련을 추천하고 있다. 그의 훈련방법은 적은 기어로 분당 회전수를 90회로 유지하면서 20분에서 25분의 준비운동을 한 후, 2분에서 4분까지 큰 기어로 전환하여 5회에서 7회까지 마무리는 적은 기어로 90회의 회전수를 유지하면서 20분에서 25분 정도 하면 된다. 그의 훈련에 따르면 심박계를 이용하라는 것이다. 훈련에 따라 심박수의 변화를 관찰하는 것 역시 좋은 훈련이라는 것이다. 또한 훈련은 평지에서 해야 각 인터벌마다 일관성을 유지할 수 있다. 몸 상태에 따라 2분간 5회 반복훈련으로 시작해서 최종목표는 4분간 7회의 반복훈련을 소화할 수 있어야 한다. 인터벌 훈련을 할 때 심박수를 점차 증가시켜야 하고, 마지막 30분은 예상하고 있는 본인의 최대 심박수를 유지하면 무산소 한계(AT)를 점차 증대시킬 수 있게 된다. 이와 같이 훈련을 하게 되면 실제 경기에 임하는 것과 같이 처음에는 유산소 상태에서 훈련을 하는 것이 좋고, 드레프팅의 효과도 경험할 수 있게 된다.

6. 근력운동 [33]

사이클 선수들은 간단한 근력운동을 통해서 자신들의 근력을 키워야 한다. 연구결과에 따르면 근력운동은 약간의 힘만 주면서 운동할 수 있어 근육의 피로시점을 연장시킨다. 근력운동은 사이클 운동 지구력을 강화시켜 주고 최대 산소소비량을 증가시키며, 그로 인한 다리의 힘까지 증가되는 효과를 기대할 수 있다.

1) 근력운동 요령

지구력 경기를 하는 선수들은 육체미와는 전혀 다른 근력운동 방법을 사용해야 한다. 다음은 사이클 선수를 위한 근력운동 방법이다.

① 중요한 근육에 초점을 맞춰라. 자전거를 타는 데 사용되는 중요한 근육 그룹이 있는데, 예를 들면 사이클링하는 데 중요한 근육은 대퇴사두근 그룹이다. 다음 그림은 페달의 위치에 따라 사용되는 근육(왼쪽부터 대퇴사두근, 둔근, 대퇴이두근)을 나타내고 있다. 실선부터 점선까지 해당 근육이 사용되는 것을 나타내고 있다.

---

33) 자료 : http://www.greatdoors.com/velonews/training/friel/archive/1997/vn7/index.htm

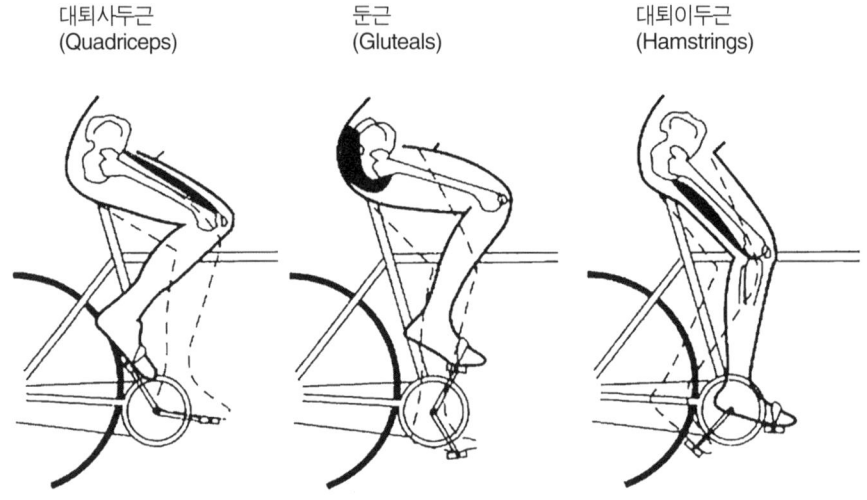

② 가능하면 몇 개의 관절이 움직이게 하라. 레그 컬(Leg curl)[34]은 무릎관절만 움직이는 근력운동이다. 하지만 사진과 같이 스쿼트(Squat)는 엉덩이, 무릎과 발목관절이 움직이는 운동이다. 이와 같이 하면 스포츠의 동적인 운동 형태가 실제에 가까운 운동이 된다.

③ 가능하면 사이클의 자세와 움직임에 가깝게 자세를 취하라. 예를 들어 받침대(sled)에서 다리운동(Leg press)을 할 때 발과 발 사이의 폭은 페달의 폭과 같게 한다. 즉, 발과 발 사이의 폭은 46cm(18인치)를 초과하지 않도록 한다.

④ 운동할 때 가장 중요한 배와 허리운동을 포함시켜라. 팔과 다리에 전달될 힘은 몸통을 거쳐서 전달된다. 만약 배와 허리가 약하면 많은 힘이 분산되거나 잃게 된다. 배와 허리를 강하게 한다는 것은 핸들 바를 잡고 끌어당기는 힘

---

34) Ⅷ장 실내 및 겨울철 훈련의 근력운동 사진 참조.

Ⅳ. 사이클 연습

이 더 큰 힘으로 페달에 전달된다는 것이다. 배와 허리가 약하면 페달을 돌릴 때 약할 수밖에 없다.

⑤ 경기 시즌이 다가오면 근력운동은 보다 구체적으로, 하지만 시간은 적게 투자하는 것이 좋다. 근력을 기를 수 있는 중대한 시기는 겨울이고 축적된 근력은 차후에 힘과 근지구력으로 전환된다. 이 힘과 근지구력은 경기 시즌 시작에 발휘되어야 한다.

⑥ 운동 횟수를 최소화하라. 특정 근육의 활용을 집중시키기 위해서 운동량보다는 반복 횟수와 세트수에 보다 관심을 가져야 한다. 이는 웨이트 룸에서 최소한의 시간을 보내면서 경기감각을 증대시키라는 것이다.

2) 근력강화 단계

사이클 선수가 일년 중 가장 중요한 경기를 앞두고 거칠 5단계가 있다. 그 5단계에 대한 각각의 내용은 다음과 같다.

① 근력 적응 단계(Anatomical Adaption, AA)

이 단계는 사이클 선수가 늦가을이나 겨울에 맞이하는 근력 강화단계의 초기단계이다. 이 단계의 목적은 다음 단계에 부하될 근력과 건(tendons)을 준비하기 위함이다. 근력운동은 이 단계보다 많이 하는 단계가 없다. 이 단계에 기구들이 많이 이용되지만 기구 없는 운동도 병행되어야 한다. 반복훈련으로 유산소 능력도 증대시킬 수 있다. 이 단계뿐만 아니라 다른 단계에서도 매 2주마다 5% 이상 근력운동의 중량을 증가시키면 안 된다.

② 최대 숙달 단계(Maximum Strength, MS)

더 큰 힘이 생성될 때마다 저항은 점차 증가하고 반복 횟수는 감소한다. 이 단계에서는 근육질을 쉽게 보충하도록 중추신경에 숙달시키는 것이 필요하다. 이 단계에서 부상당하지 않도록 조심해야 한다. 이 단계의 초기에 각 훈련의 첫 번째 세트의 부하는 서서히 증가시켜야 한다.

③ 파워 지구력 단계(Power Endurance, PE)

이 단계의 목적은 근육그룹이 필요로 하는 근육질의 빠른 보충 능력을 배양하고 긴 시간 동안 유지할 수 있도록 하는 것이다. 경기 중의 예로는 짧고 구배가 심한 언덕을 오르거나 막판에 전력질주 등을 들 수 있다. 파워는 가능한 한 짧은 시간 동안 가장 큰 힘을 내는 능력을 말한다. 수학적으로 표현하자면 '파워 = 힘×속도'로 표시할 수 있고, 속도가 파워를 증가시키는 데 중요하다는 뜻이므로, 모든 운동은 폭발적인 움직임과 같아야 한다. 너무 빠르게 운동하면 부상의 우려가 있다. 따라서 적절한 준비운동은 필수적이다.

④ 근지구력 단계(Muscular Endurance, ME)

이 단계는 지구력 경기에서의 심박훈련이다. 목적은 부하가 높은 상황에서 모세혈관의 밀도를 증가시키고 미토콘드리아[35]의 수와 크기를 증가시켜 피로관리를 연장시키기 위함이다. 이 단계는 또한 생리학적 변화를 수반하기 때문에 긴 시간이 소요된다. 이 단계에서는 반복훈련이 이용된다.

⑤ 지구력 보존 단계(Endurance Maintenance, EM)

경기 시즌 동안에 2주간의 PE 단계와 4주간의 ME 단계는 바꿔서 할 수도 있다. 이 단계에서는 경기에 필요한 지구력을 증가시키기 위한 두 가지 형태를 유지시켜야 한다. 이 시기에 모든 저항훈련을 중단하면 힘과 시즌 동안 축적된 경기력을 점차 잃게 된다.

시즌 중 가장 중요한 경기를 앞두고 7일 전부터는 경기 중 최대 경기력을 발휘하기 위하여 모든 근력운동은 하지 말아야 한다.

다음 표는 사이클 선수를 위한 근력운동의 중요한 부분을 요약한 것이다. 아마도 가장 중요한 부분은 각 단계마다 운동부하를 다르게 한 것이다. 한 반복 횟수(1RM) 중에 들어올릴 수 있는 최대 무게를 기준으로 작성되었지만 부상의 가능성(특히 허리) 때문에 반드시 무게를 따를 필요는 없다.

무게를 결정하기 위한 다른 방법은 초기에 무게를 결정한 다음 그 단계의 진행 정도에 따라 달리하는 방법도 있다. 항상 생각보다 가벼운 무게로 시작해야만 제시된 반복 횟수를 채울 수 있고 더 추가할 수도 있다. MS 단계에서는 무게를 달지 않고 하는 것이 무게를 달고 이용하는 것보다 더 좋은 효과를 기대할 수 있다.

또한 무게를 달지 않고 하는 훈련은 차후에 AA 단계에서도 포함시킬 수 있고, PE 단계 중에도 가능하다. 다시 한 번 강조하면 바벨과 덤벨 사용시 특히 빠르게 움직일 때 주의해야 한다.

---

35) 근육 내에서의 에너지원.

사이클 선수의 근력운동(Ⅷ장 실내 및 겨울철 훈련의 근력운동의 사진 참조)

		AA	MS	PE	ME	PE	EM/ME
기간 (주)	초보	8~10	3~4	0	4~6	0	4
	숙련	4~6	4~6	4~6	6~8	2	4
훈련일수 (주당)	초보	2~3	2	0	2	0	1~2
	숙련	3~4	2~3	2	2	1~2	1~2
부하 (% of 1RM)	초보	40~60	80~90	0	30~50	0	30~50
	숙련	40~60	85~95	70~85	30~50	70~85	30~50
세트수	초보	3	4~6	0	2~3	0	2~3
	숙련	3~5	6~10	2~4	2~4	2~4	2~4
반복 횟수		20~30	3~6	15~30	40~60	15~30	40~60
세트간 휴식시간(분)		1~1.5	3~6	8~10	1~2	8~10	1~2
속도		저속	저속~중속	고속	중속	고속	중속
운동종류		1,2,3,4,5, 6,7,8,9	1,2,3, 5,6,7	1,2,3, 6,7	1,2,3, 6,7	1,3,7	1,3,7

1-Hip Extension(Squat, Step-up, or Leg Press), 2-Seated Row, 3-Back Extension, 4-Hip Extension(1번을 제외한 나머지), 5-Bench Press 또는 Push-up, 6-개인적으로 취약한 부분을 보완: Heel Raises 또는 Knee Extension or Leg Curl, 7-Crunches(resisted), 8-Dead Lift, 9-Lat Pull to Chest

3) 기타

(1) 숙련도

근력운동의 처음 2년 동안은 운동방법과 근육질의 보강에 중점을 둬야 한다. 이미 근력운동을 많이 한 사람이라면 최대의 힘과 파워를 배가할 준비는 된 상태이다.

(2) 준비와 마무리운동

근력운동을 하기 전에 약 10분 정도는 가벼운 유산소 운동으로 준비운동을 한다. 준비운동으로는 달리기나 로잉(rowing), 계단오르기, 실내자전거 등을 들 수 있다. 근력운동을 마친 후 마무리운동은 실내자전거를 10분 정도 타면서 회전수는 분당 90회 정도 되게 하여 발가락을 풀어 준다.

(3) 각 단계의 초기

한 단계에서 다른 단계로 접어들 때 1주일 동안은 전 단계의 근력운동과 단계적으로 운동하는 것이 좋다. 예를 들어 AA 단계에서 MS 단계로 옮길 때 첫 주는 AA 훈련 1회와 MS 훈련 1회를 하는 것이다. 혹은 첫 주에 각 훈련의 반은 AA 훈련, 나머지 반은 MS 훈련을 하는 방법도 있다.

(4) 운동순서

표에 제시된 운동은 회복기까지 감안해서 작성된 것이다. 회복을 더 강화하려면 먼저 한 운동의 두 번째 세트를 하기 전에 다른 운동의 첫 번째 세트를 하는 것이다. 예를 들어 스쿼트(squats) 한 세트를 한 후에 노젓기(seated row) 한 세트를 하는 방법이다.

(5) 회복기간

표에 세트간 휴식시간이 제시되어 있다. 이 시간 동안 심박수는 회복을 위해서 낮아진다. 어떤 단계에서는 제시된 시간보다 더 긴 휴식시간이 필요할지 모른다. 회복기간 동안 스트레칭 등을 하면 좋다.

(6) 회복주일

매 3~4주에는 훈련량을 줄여야 한다. 해당 주에는 훈련량을 줄이고 세트수도 줄여야 한다.

7. 철인경기 참가자의 사이클

특별히 어느 회사의 사이클이 제일 좋다고 말할 수는 없다. 사이클은 가능하면, 특히 아이언맨 코스와 같이 장시간 경기를 해야 할 경우에는 전문점에서 체격에 맞는 사이클을 맞추는 것이 필요하다.

참고로 1998년도 하와이 세계철인3종경기대회에 참가한 1,520명 선수들이 어떤 종류의 사이클을 갖고 출전했나를 조사한 결과[36]는 다음과 같다.

종류(상표)	대	종류(상표)	대
Kestral	133	Merlin	18
Cannondale	131	Scott	17
Softride	120	Zipp	17
Trek	118	Specialized	15
Quintana Roo	116	Centurion	11
Litespeed	69	Serotta	11
Principia	47	Griffin	10
Felt	39	Cervelo	10
Klein	21	Holland	10
GT	19	기타	588
		계	1,520

36) 자료 : 1998 Ironman Bike Survey, Triathlete, December, 1998, p.33

V. 마라톤 연습

가장 기본적인 운동으로서 연습을 게을리 하기 쉬운 종목이지만
3종목 중 선수간 가장 시간 차이가 많이 나는 종목이다.
수영의 경우 선두와 후미의 차이는 고작 1시간에 불과하고,
사이클의 경우에는 3시간 정도에 불과하지만, 마라톤의 경우에는
개인간의 기량 차이에 따라서 4시간 이상 벌어질 수도 있다.
단기간의 연습으로 경기시간을 많이 단축한다는 것도 불가능하다.

1. 훈련의 기본지식 [37]

반복되는 훈련은 신체의 생리학 체계에 자극과 휴식의 반복을 통하여 보다 더 강하게 한다. 따라서 훈련과 휴식은 아주 중요하다. 그러나 휴식이 중요하다는 것을 잊고 훈련만 열심히 하는 경우가 있다. 훈련만이 중요한 것은 아니다.

달리기를 잘 하려면 심폐기능과 관련된 4가지 중요한 요소가 있다. 그 요소는 최대 산소섭취량(VO₂max), 무산소 한계(Anaerobic Threshold), 유산소 지구력(Aerobic Endurance) 및 효율(Efficiency)이다. 이외에도 다른 요소들이 있지만 이들 4가지 요소가 달리기의 80% 정도와 관련이 있다. 이들 요소에 대한 의미와 달리기와 관련된 사항을 간략히 설명하면 다음과 같다.

1) 최대 산소섭취량(VO₂max)

사람이 공기를 섭취해서 에너지로 전환시킬 수 있는 체중당 최대 산소섭취량을 의미한다. 이것은 산소섭취 및 에너지 소비와 직접 관련이 있는데, 근육이 활동하는 데 필요한 상한선을 의미한다. 이 상한선은 선천적인 것에 크게 좌우되지만 운동하지 않은 상태보다 20%가량 증가시킬 수 있다. 따라서 이 상한선을 끌어올리는 것이 훈련의 목적이다. 인터벌 훈련과 같이 최대한 빨리 5~8분 달렸을 때 최대 산소섭취량이 최대가 된다.

이와 같이 상한선을 증가시키기 위하여 빨리 달리는 훈련이 필요하고, 이때 최대 산소섭취량이 최대가 되고 신체조건도 적응하게 되며, 점차 증가하게 된다. 8분 이상 달리면 훈련의 강도가 약해져서 상한선에 도달하지 않게 되어 자극을 기대할 수 없다.

최대 산소섭취량 또는 유산소 능력은 연령별로 차이가 있는데, 20세는 50.0, 30세는 45.7, 40세는 40.6, 50세는 35.3, 60세는 30.0 ml/kg/min [38] 정

---

37) 자료 : http://www.sportscoach.com.au
38) 우리 나라 사람들을 기준으로 한 값.

도가 되고, 나이가 많아짐에 따라 감소하게 되며, 60세는 20세에 비하여 심폐기능은 40% 감소하게 된다.

2) 무산소 한계(Anaerobic Threshold, AT)

무산소 한계란 국내에서는 전환된다는 의미에서 '역치'라고도 하며, 근육에 필요한 산소가 호흡기를 통해서 완전하게 공급되지 않는 시점을 의미한다.

이 시점에서 근육은 순수 산소가 있는 유산소성(aerobic)에서 무산소성(anaerobic)으로 전환하게 되고 이로 인해 근육에 젖산이 축적되며, 에너지를 보충하거나 달리기를 멈추지 않으면 산소가 부족하게 될 뿐만 아니라 통증까지 수반된다.

이 시점을 최대 산소섭취량의 백분율로 나타내고, 훈련의 목적은 이와 같이 무산소성으로 전환되는 시점의 백분율을 증가시키는 것이다. 이 값은 평소에 운동하지 않던 사람은 최대 산소섭취량의 약 50~60%, 엘리트 선수들은 90%까지 다양하다. 이것은 장거리 경기에서 속도와 관련 있기 때문에 근육에 젖산이 축적되지 않도록 너무 빨리 달리지 않는 것이 필요하다.

훈련시에는 이 한계를 통과하는 것도 포함되어야 하기 때문에 약 15km를 달리는 속도로 훈련하는 것이 필요하며, 이를 AT 훈련 또는 한계훈련이라고 부른다. 지속시간은 20분~40분 정도 하는 것이 좋다. 물론 훈련 전후에 준비운동과 마무리 운동은 반드시 필요하다.

3) 유산소 지구력(Aerobic Endurance)

달리기할 때 제한된 에너지를 어떻게 잘 활용하느냐가 중요한 관건이다. 세부적인 것을 제외하고 대략 2가지의 중요한 에너지원을 생각할 수 있다. 가장 중요한 것은 글리코겐이고 그 다음은 지방이다. 신체로 하여금 많은 글리코겐을 소모하게 하고 지방을 나머지 에너지원으로 잘 활용하는 것이 필요하다.

빨리 달리는 것은 대부분의 글리코겐을 소모하는 것인 반면 1시간 이상의 장거리 달리기는 일부 지방을 분해하여 에너지원으로 활용하게 된다. 마라톤 선수들의 고비는 축적된 글리코겐이 고갈될 때 나타난다. 극단적인 경우에는 뇌에서도 글리코겐을 에너지원으로 활용하게 되어 몸을 가눌 수 없게 되는 경우도 있다. 이 요소는 1시간 이상의 달리기 훈련이 필요하다.

신체에서 글리코겐이 소모되면 이를 위한 에너지원의 보충이나 효과적인 소모가 필요한데, 이 시기가 최적속도가 된다. 장거기 달리기에서 기본적인 것은 속도에 구애받지 말아야 한다.

4) 효율성(Efficiency)

숨쉬기를 통해서 얻은 에너지원을 다른 근육도 소모한다는 것이다. 따라서 달리기에 불필요한 다른 근육들이 소비하는 에너지원을 가능한 한 줄여야만 적은 산소로 빨리 달릴 수 있다.

모든 근육은 앞으로 향하는 것에만 이용되어야 하고 옆이나 상하로 움직이는 데 이용되어서는 안 되며, 상체는 가능한 한 움직이지 말아야 한다. 세계적인 선수들에게서는 이와 같이 불필요한 동작들을 거의 찾아볼 수 없다.

따라서 달리기 훈련시에 거울 앞에서 자세를 교정하는 것이 필요하고 다리의 높이는 앞으로 달리는 데 필요한 최소 높이만 올리도록 하는 것이 좋다. 다리의 뒷차기도 과도하게 하지 말고 보폭과 횟수도 적당해야 한다.

상체는 긴장을 풀고 팔과 손은 앞으로만 젓고 너무 많이 젓지 않도록 한다. 권투선수처럼 옆으로 흔들지 않도록 본인의 자세를 계속 의식하며 훈련하는 것이 필요하다.

2. 인터벌 훈련

인터벌 훈련은 체코의 자토펙(Zatopek)에 의해 처음 개발되었다. 그는 심장도 근육으로 박동되기 때문에 다른 근육과 같이 훈련으로 강화될 수 있다고 믿었다. 그에 의하면 가장 좋은 훈련방법은 심장에 자극과 휴식의 반복을 가함으로써 심박수가 증가하고 회복된다고 믿었다.

40년대 후반에 장시간 동안 천천히 장거리 훈련(long, slow, and distance - LSD라고 불림)을 다른 경쟁자보다 앞서 시행했다. 자토펙의 이러한 훈련방법은 1952년 헬싱키 올림픽에서 5,000m, 10,000m 및 마라톤을 우승하면서 정점에 다달았다. 그가 시행한 훈련방법에 대한 많은 연구와 다양한 방법은 누구도 깰 수 없었다. 현재에 이르러서는 일류선수 중에 훈련기간 중 인터벌 훈련을 하지 않는 선수는 아무도 없다.

인터벌 훈련은 계속 같은 속도로 달리는 것보다 빠른 속도로 훈련과 휴식을 반복하는 것으로 구성된다. 인터벌 훈련은 4가지 요소에 따라 달리 구분할 수 있다. 이들은 거리와 시간, 휴식시간과 거리, 추진력 및 반복 횟수가 그것이다. 이들 각각은 인터벌 훈련을 실시하는 각 개인의 목표에 따라 달리 적용한다. 인터벌 훈련은 신체에 다소 무리가 될 수 있다.

1) Stride-Outs/Form 인터벌 훈련

이 훈련방법은 50m와 200m 사이의 거리를 달리는 짧은 거리의 훈련이고, 주목적은 달리는 데 필요한 효과를 증진시키기 위함이다. 이 방법은 실제 경기보다도 훨씬 빨리 달리는 것에 익숙하게 하는 것이다. 이 훈련방법의 이론은 빨리 달리는 것에 익숙해지게 만들어, 천천히 달리는 것이 보다 쉽다는 것을 적응시키는 것이다.

이 훈련방법은 인터벌 훈련 기간 중 실시할 수 있으나, 가장 일반적인 방법은 경기를 1주일 앞두고 충분한 휴식을 취한 후에 다리의 속도를 높이기 위하여 실시한다.

2) 리듬 인터벌 훈련

　이 훈련방법은 가장 널리 알려진 훈련방법이다. 이 방법은 실제 경기보다 조금 빠른 속도로 반복하되 중간 휴식은 매우 짧게 갖는 것이다. 리듬 인터벌 훈련에서 반복 횟수가 10회를 넘는 경우는 드물다. 10km의 경기를 위한 리듬 인터벌 훈련방법은 5km를 달리는 속도로 400m 달리기를 8회 반복하되 중간에 1.5분의 휴식을 갖는 것이다.

　이 훈련방법의 1회 달리기는 400m부터 3,000m까지 경기에 따라 달리는 거리를 달리할 수 있지만, 긴 거리의 경기를 위한 인터벌 훈련의 1회의 거리는 긴 것이 일반적이다. 마라톤 경기를 위한 인터벌 훈련의 거리는 800m, 1,000m 및 1,500m가 일반적이다.

3) 파워 인터벌 훈련

　파워 인터벌 훈련의 목적은 심근을 강화하고 최대 산소섭취량(VO_2max)을 증가시키기 위함이기 때문에, 이 훈련에서는 개인의 최대 산소섭취량 상태를 유지하면서 훈련에 임하는 것이다.

　이 훈련방법은 최대 산소섭취량의 95%에서 훈련하고 긴 휴식시간을 갖고 반복 횟수가 리듬 인터벌 훈련과 같이 많지 않은 것이 특징이다.

　경기의 초반에는 파워 인터벌 훈련에서 익힌 방법에 따라 선두 그룹을 유지하고, 무산소 한계까지는 리듬 인터벌 훈련에서 익힌 방법으로 전환하는 것이 좋다.

4) 언덕 훈련

　언덕 훈련은 다리의 근육을 단련시키고 힘을 키우는 데 매우 좋지만 매우 어렵기도 하다. 대부분의 근육은 빠른 육질(twitch)과 느린 육질의 2가지 섬유질로 구성되었다.

빠른 육질이란 훈련을 통해서 빨리 달릴 수 있게 하고, 언덕 훈련도 빠른 육질을 강화시킨다. 이러한 빠른 육질은 속도에 의한 것이 아니라 근육의 힘에 의해서 생성된다. 언덕 훈련이나 인터벌 훈련 모두 큰 힘을 필요로 한다. 이 방법은 경기 코스가 언덕이 많으면 효과적이다. 언덕 훈련을 하면 평지 훈련을 할 때보다 많은 근육을 단련시키게 된다.

훈련방법은 언덕을 6~8회 오르고 내려갈 때는 휴식을 취하는 것이다. 주의할 점은 언덕을 내려갈 때 부상 입지 않도록 조심해야 한다.

5) 인터벌 훈련 간격

인터벌 훈련은 그룹으로 훈련하면 지겹지 않다. 그룹으로 훈련하면 서로 격려와 다그침으로 훈련 성과를 높일 수 있다. 또한 인터벌 훈련을 단순하게 운영하지 말고 다양하게 한다면 훈련을 받는 것이 지겹지 않을 것이다. 이 훈련 방법의 전후에는 반드시 준비운동과 마무리 운동을 해야 하고 훈련강도를 서서히 증가시켜야 한다.

6) 파틀렉(Fartlek)

파틀렉(Fartlek)에 관한 언급이 없는 것은 인터벌 훈련이 아니다. 훈련방법은 스웨덴에서 발전되었고 속도 게임이라는 뜻이다. 빨리 달리기와 천천히 달리는 것에 대한 구체적인 방법은 없다. 빨리 달리기의 범위는 30초에서 수분까지의 범위를 말한다. 통상 언덕길에서 훈련하며, 잔디나 흙 위에서 바람이 있을 때 실시한다.

3. 달리기 시간의 예측

1) 방법론[39]

여기서 장거리 달리기의 소요시간의 예측방법은 3가지 요소로 판단한다. 첫 번째는 최대 산소소비량이고, 두 번째는 혈중에 젖산이 축적되기 시작하는 무산소 한계(AT)이며, 세 번째는 운동효과이다.

잘 훈련된 선수의 경우 5km를 달리는 데 최대 산소소비량을 나타내고 있다는 것은 널리 알려진 사실이다. 따라서 5km는 100%의 최대 산소섭취량(VO_2max)이 필요하다고 판단할 수 있다. 그 이상이 되면 무산소 한계를 초과하기 때문에 혈중 젖산 농도가 급격히 증가하게 된다. 따라서 5km 이상의 장거리 경기에서는 젖산의 축적을 늦춰서 피로가 쌓이지 않도록 달리기 강도를 최대 산소섭취량보다 낮춰야 하고, 5km보다 짧은 경기는 그 이상이 되어야 한다.

그렇다면 몇 퍼센트가 적당하냐 하는 문제가 제기되게 되는데, 연습량과 운동효과 등에 관련이 없지는 않겠지만 세계기록을 이용하여 5km보다 길거나 짧은 경기에서 몇 퍼센트인지를 예측할 수 있다. 또한 예측된 퍼센트로 각 거리에 대한 속도도 예측이 가능하다.

5km의 거리가 달리기 선수들에게 제일 많이 훈련에 이용되기 때문에 그 거리를 기준으로 책정하는 것이 타당하다. 다음 표는 5km를 기준으로 상대적인 속도와 최대 산소섭취량의 백분율을 나타내고 있다. 여기서 *표가 표시된 100%를

거리	5km 속도에 대한 백분율	최대 산소섭취량(%)
1,500m	110	110*
3,000m	103	103*
5,000m	100	100
하프 마라톤	90	90
마라톤	85	85

39) 자료 : http://www.krs.hia.no/~stephens/runpred.htm

초과한 산소섭취량은 있을 수 없고, 최대 산소섭취량을 유지하면서 상대적으로 속도가 증가하는 것을 의미한다.

일류선수들의 기록은 생리학적으로 예측한 것과 거의 같게 나오는데, 예를 들어 잘 훈련된 선수들은 최대 산소소비량을 약 15~20분 정도 지속시킬 수 있다.

엘리트 마라토너는 그들의 무산소 한계(AT)를 조절할 수 있는 능력이 있고 최대 산소소비량의 약 85% 정도를 유지한다. 마라톤보다 짧은 거리 경기에서는 무산소 한계보다 높은 강도로 경기에 임한다. 선수들이 얼마만큼 무산소 한계 이상을 유지하는가는 경기시간에 좌우된다.

엘리트 선수가 아닌 사람은 같은 양의 최대 산소소비량을 가질 수 없어도 거의 비슷한 양까지는 가능하다. 따라서 여기서는 5km 달리기 소요시간을 기준으로 나머지 거리에 대하여 백분율을 달리 적용하여 예상 소요시간을 제시한다.

5km 소요시간	예상시간					
	1,500m	1마일	3,000m	10,000m	하프 마라톤	마라톤
15:00	4:05	4:24	8:44	31:35	1:06:59	2:28:50
16:00	4:22	4:43	9:18	33:40	1:14:59	2:38:48
17:00	4:38	5:00	9:54	35:48	1:19:43	2:48:45
18:00	4:54	5:18	10:29	37:53	1:24:22	2:58:41
19:00	5:11	5:36	11:05	40:03	1:29:12	3:08:53
20:00	5:27	5:53	11:39	42:06	1:33:45	3:18:35
21:00	5:44	6:10	12:14	44:12	1:38:27	3:28:30
22:00	6:00	6:26	12:48	46:19	1:43:09	3:38:25

물론 선수들마다 기량 차이가 있어 위에 제시된 대로 정확하게 예상할 수는 없다. 마라톤 선수는 다소 속도에 따라 보다 효과적일 수는 있어도 짧은 거리는 효과를 거둘 수 없다. 예를 들어 현재 마라톤 세계기록 보유자의 경우 5,000m 소요시간은 12분 46초로 예상할 수 있는데, 이 시간은 실제 그가 보유한 기록보다 15초 정도 빠른 것이다. 더불어 단거리(5km 이하)의 경우에는 속도가 무산소성

활동에 의해 좌우되고 거의 단거리 주법에 의하기 때문에 위의 방법대로 적용하기에는 다소 문제점이 있다. 마지막으로 5km의 속도가 늦은 마라톤 선수는 3시간 이상 최대 산소섭취량의 85%를 지속할 수 없기 때문에 글리코겐이 부족할 수도 있다.

2) 실제 기록과의 비교[40]

앞서 제시된 예측방법은 5km를 14분 30초부터 22분까지 완주한 30명의 남녀선수의 기록을 이용하였는데, 그 선수들은 10km와 하프 마라톤 및 풀코스 마라톤도 완주한 선수들이다. 대부분의 경우 그들의 기록은 1년 이내에 작성된 것이기 때문에 연령으로 인한 오차는 거의 없다.

1~2년 내에 작성된 기록들 중에서 5km 기록이 10km 기록보다 좋은 자료에 한하여 분석에 포함시켰다. 이러한 방법이 5km 기록을 이용하여 적절한 예측이 가능하기 때문이다. 수학적으로 평가하기 위하여 우선 5km 기록을 평균속도로 전환한 후 예상되는 속도를 결정하기 위하여 그보다 긴 거리를 적절한 속도의 백분율로 나눈 것이다(95%-10km, 90%-하프 마라톤, 85%-마라톤).

그 다음은 이것을 실제 기록과 비교한 것이다.

(1) 5km 기록을 이용한 10km 기록 예측

30명 선수의 실제 기록에 대한 평균속도와 예측된 속도를 비교할 때 평균값은 사실상 동일하게 나타났다(4.545와 4.535m/sec). 더 자세히 표현하면, 30명의 실제 평균 소요시간은 36분 40초였고, 예측시간은 36분 45초였다. 따라서 이 예측방법은 엘리트 선수가 아닌 사람들에게도 적용할 수 있고, 평균값에 대한 오차는 2%에 불과하다. 예측시간과 실제시간은 97.5%가 맞고,

---

40) 자료 : http://www.krs.hia.no/~stephens/pretest.htm

V. 마라톤 연습

10km의 기록은 30분 30초부터 49분 57초까지 예측된다. 기상과 코스 등 다른 조건들을 제외한다면 5km 기록을 이용한 10km의 예측기록의 오차는 2% 내외가 된다.

(2) 5km 기록을 이용한 하프 마라톤 기록 예측

하프 마라톤의 예측기록과 실제기록을 비교하면 예측기록이 다소 떨어지는 것으로 나타난다. 하지만 예측기록은 그런대로 쓸 만하다. 30명의 평균기록은 1시간 22분 57초였고, 5km 기록의 90% 속도로 계산된 기록은 1시간 22분 37초였다. 따라서 두 값은 97.2%가 맞고, 오차는 3%가 된다. 따라서 5km 기록을 이용한 하프 마라톤의 예측기록은 비교적 정확하다고 할 수 있다.

(3) 5km 기록을 이용한 마라톤 기록 예측

30명 선수의 실제 마라톤 기록의 평균은 3시간 2분 20초였다. 5km 달리기의 85% 속도를 감안하여 예상된 마라톤 기록은 2시간 56분 54초로서 4%가량 과대평가된 것이고, 두 기록의 기대값은 0.93으로 아직도 높은 편이지만 예측시간 오차는 5.3%로 증가되었다.

경기시간이 2시간 30분 미만인 경우에는 오차가 1분에서 5분 정도인데 반하여 경기시간이 길면 오차가 증가하는데, 그 원인은 선수들 중 일부가 장거리 경기에 대한 훈련이 부족하기 때문이다. 2시간 반에 마라톤을 끝내는 선두 그룹에서는 나타나지 않지만 4시간 이상 달리는 후미 그룹에서는 누적된 체온의 상승으로 탈수가 급속하게 진행되고 무기력하게 되어, 30km 구간 이후에는 예측할 수 없을 정도가 되기 때문이다.

(4) 적용방법

가장 최근에 작성된 5km 달리기 기록을 초단위로 속도를 계산한다. 계산된 속도(단위는 m/sec)는 10km, 하프 마라톤, 마라톤 기록을 예측하기 위해서 그 기록을 각각 95%와 90% 및 85%의 속도로 전환한 후 각각의 거리를 전환된 속도로 나누면 각 거리에 대한 소요시간을 예측할 수 있다.

예를 들어 한 선수의 5km 소요시간이 24분이라면 그 선수의 속도는 5,000/(24×60) = 3.47m/sec가 되고, 10km 달리기는 5km 달리기 속도의 95%로 예상되기 때문에 3.47×0.95 = 3.30m/sec의 속도가 되며, 소요시간은 10,000/3.30 = 3030초로서 50분 30초로 예상된다.

같은 방법으로 나머지 거리에 대한 예상 소요시간을 계산할 수 있다.

3) 리겔(Riegel) 예측법[41]

1981년 피터 리겔(Peter Riegel)은 장거리 달리기의 기록 예측을 위한 공식을 발표하였다. 그 공식은 다음 식과 같고 이 공식은 수영, 사이클 및 경보 등 다른 종목에서도 이용되었다고 한다.

$$T_2 = T_1 \cdot \left(\frac{D_2}{D_1}\right)^{1.07}$$

여기서,
T_2 : 알고 싶은 거리의 예상기록
T_1 : 자신의 기록
D_2 : 목표로 하는 경기의 거리
D_1 : 완주한 경기의 거리

위에 제시된 두 가지 예측법에 따라 5km를 24분에 뛴 기록을 다른 거리로 계산된 기록은 다음과 같다. 두 방법의 기록 차이는 거의 없으나 먼저 제시된 방법이 0.3%에서 1.4%까지 기록 시간이 더 걸리는 것으로 계산되었다.

---

41) 자료 : http://marathon.chosun.com/class/predict.html(조선일보 마라톤 교실)

	방법 1	방법 2	차이(①~②)
10km	50:32	50:23	9초
하프 마라톤	1:52:31	1:52:00	31초
풀 마라톤	3:58:17	3:55:09	3분18초

4. 자세 및 훈련방법 [42]

1) 손과 팔

팔은 앞뒤로 흔들고 팔꿈치의 각도는 90°에서 110°를 유지하면서 자연스럽게 흔든다. 손을 너무 앞으로 가게 하거나 팔이 몸 앞으로 오지 않도록 한다. 또한 팔이 얼굴까지 높이 올라오지 않고 가슴의 중간 정도까지 오도록 흔든다. 한 팔이 다른 팔과 비교할 때 너무 높거나 넓게 흔들지 말아야 한다. 한 팔만 넓게 흔들게 되면 몸 전체가 흔들리게 되고, 이는 에너지가 낭비되는 요인이 된다. 한쪽 다리가 짧은 경우에는 한 팔만 넓게 흔들 수도 있다.

2) 보폭

사이클을 타고 나면 허리에 통증이 오고 골반과 엉덩이의 굴근을 따라서 통증이 오게 된다. 통증이 있는 근육들은 경기 전에 충분한 스트레칭을 해주면 통증이 덜하게 된다. 사이클을 타고 난 직후에 주법은 평소에 뛰는 것보다 보폭을 작게 해줘야 한다. 다리의 근육이 어느 정도 풀리고 난 후에는 평소에 연습한

---

42) 자료 : Scott, Dave, Triathlon Training, 1986

대로 보폭을 점차 늘려 주는 것이 좋다. 큰 보폭과 뒷발을 높이 차게 되면 속도는 빠를지 모르지만, 긴 시간 동안 뛰기에는 다리에 쥐가 나게 되는 등 무리가 따른다. 따라서 작은 보폭을 유지하고 대신 빈도를 증가시켜 주고, 무릎이 많이 올라가지 않도록 뛰는 것이 바람직하다.

3) 착지

발뒤꿈치가 먼저 지면에 닿고 발바닥을 공처럼 구르듯이 한 다음, 엄지발가락으로 미는 것이 좋다. 발뒤꿈치가 지면에 닿으면 재빨리 발가락 방향으로 체중을 옮겨야만 스프링처럼 발가락을 이용하여 밀 수 있게 된다. 철인경기에서 마라톤에 접어들면 오랜 시간 동안 사이클을 타면서 종아리에 피로가 축적된 상태이다. 이때 가능하면 발뒤꿈치가 지면에 닿는 시간을 줄여야 한다.

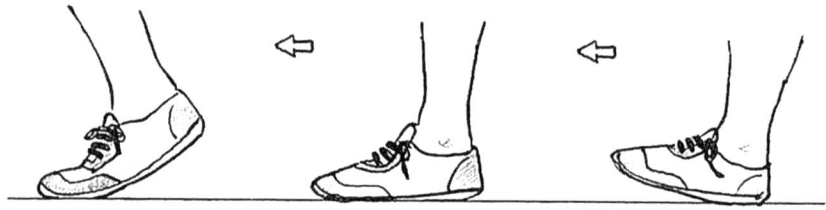

4) 호흡

호흡법은 매우 중요하고 철인경기에서 리듬은 각 종목마다 다르다. 수영에서 사이클로 전환하면 더 이상 물에 있는 것이 아니기 때문에 호흡은 자동적으로 바뀐다. 그러나 사이클에서 마라톤으로 전환할 때는 호흡방법의 변화를 구별하기 어렵다. 그때는 호흡법에 집중하지 않으려는 경향이 있게 마련이다. 천천히 달려도 수 분 내에 무산소 상태인 것처럼 느끼게 된다. 이때 천천히 달려도 왜 피로한지를 모르기 때문에 흥분하기 쉽다.

철인경기 중에는 매 단계마다 호흡법에 주의해야 한다. 종목이 바뀔 때마다 호흡법도 바꿔야 한다. 사이클에서 마라톤으로 전환할 때는 횡경막으로 호흡을 해야 한다. 천천히 깊게 입을 통해서 길게 들이마시고 천천히 코로 내쉬어야 한다. 이상적인 방법으로는 호흡을 상대적으로 천천히 하고 리듬에 맞춰서 한다. 이때 호흡에 지장이 없이 몇 마디 말을 크게 할 수 있을 정도여야 한다.

5) 언덕길 훈련

철인3종경기의 3종목 중 모든 신체를 움직여야 하는 마라톤이 육체적으로 가장 힘든 종목이다. 사이클은 안장에 앉아 다리만 움직이고, 수영은 떠 있기 때문에 부담이 적은 데 반해, 마라톤은 모든 신체 각 부위에 혈액을 공급해야 하기 때문에 심장에 부담이 많다. 특히 언덕길에서는 팔을 더 높이 흔들어야 하고 무릎도 더 높이 올려야 하기 때문에 더 부담이 간다.

언덕길에서는 다음과 같은 요령으로 달리는 것이 좋다.

① 오르막에서는 상체를 조금 숙이고, 발뒤꿈치를 먼저 지면에 닿게 하지 말고 발바닥으로 닿게 한다. 팔을 조금 높게 흔들고 무릎도 약간 높게 올린다. 오르막에서 더 많은 에너지가 필요하고 내리막에서 회복은 서서히 하게 된다. 따라서 완급을 조절할 필요성이 있다. 오르막에서는 대퇴사두근을 이용하기 때문에 그 근육을 가능한 한 많이 강화시켜야 한다.

② 내리막에서는 본능적으로 상체를 뒤로 젖히게 된다. 하지만 내리막에서도 상체를 앞으로 약간 숙이고 보폭을 길게 하면서 발뒤꿈치를 뒤로 더 올리는 것이 좋다. 내리막에서는 다리근육과 관절에 많은 힘이 가해지므로 조심해야 한다. 체중이 많을수록, 보폭이 클수록 많은 힘이 가해지게 된다.

③ 언덕길을 지난 후에는 원래의 리듬으로 되돌아가는 것이 중요하다. 지면을 발바닥으로 차려고 하지 말고 종아리를 이용하여 다시 보폭을 짧게 하면서 가능한 한 가볍게 이동시킨다. 여기서 속도가 떨어지는 것을 걱정하지 말고, 머리의 위치와 시선 그리고 팔의 움직임에 신경을 쓰는 것이 좋다.

6) 훈련방법

① 통증이 있더라도 절대 멈추지 말아라. 선수들이 달리기로 전환한 후 가장 힘든 것은 사이클 타면서 뭉친 근육을 극복하는 것이다. 달리는 것을 멈추고 싶은 유혹이 있지만 그것은 통증을 더 많이 느끼게 한다. 보폭을 짧게(정상보다 30% 적게) 하고 중간 속도로 뛰게 되면 실제로 일부 젖산을 분해하고 뭉친 근육을 풀어 준다.

② 출발할 때는 짧은 보폭을 유지하라. 처음 1~2km는 정상 보폭의 70% 정도로 유지해야 한다. 그 이후에는 정지해서 3~4분 정도 대퇴이두근(hamstring)과 대퇴사두근(quadriceps)을 스트레칭한 후 계속 달린다. 그러면 훈련한 것과 같이 달릴 수 있다.

V. 마라톤 연습

③ 상체를 세우거나 딱딱하게 달리지 말아라. 상체를 약간 앞으로 숙이고, 팔은 삼각근과 승모근(trapezius) 근육을 이완시킬 수 있도록 서서히 흔든다.

④ 파틀렉(Fartlek) 훈련을 다양하게 적용하라. 파틀렉(Fartlek)이란 속도 게임이라는 스웨덴 말이다. 철인경기는 트랙 경기가 아니라 도로 경기이기 때문에 다양한 언덕이 있게 마련이다. 같은 속도로, 같은 휴식시간으로 제어하면서 달릴 수 있다면 다양한 달리기 훈련을 할 필요가 없다. 파틀렉(Fartlek) 훈련은 다양성을 제공한다. 최대 산소섭취량(VO_2max), 언덕길에서 무산소 한계훈련, 평지, 트랙, 도로 등지에서 속도를 다양하게 훈련할 수 있다.

⑤ 피라미드 훈련은 흥미를 유발한다. 훈련 프로그램에 2주마다 파라미드 훈련을 포함시켜라. 예를 들어 200m에서 시작한다면 그 다음은 300m, 400m, 800m, 1,200m, 1,600m, 그 다음 역순으로 거리가 줄어들게 한다. 이때 심박수를 관찰하고 소요시간과 휴식시간도 점검하라. 같은 훈련을 2주 후에 반복하면 향상된 것을 발견할 수 있다.

⑥ 훈련 중에는 실제 경기거리만큼 뛸 필요는 없다. 장거리 육상선수들은 마라톤을 준비하려면 35km 정도를 연습해야 된다고 믿고 있다. 실제 출전할 거리의 반 정도를 뛰고 나서도 별 문제가 없다면 실제 경기에서도 큰 문제가 없게 된다.

⑦ 소요시간을 정해서 반복훈련을 실시하라. 수영훈련과 같이 계획표를 짜서 한 세트에 뛰고 쉬는 시간을 정하라. 트랙에서 달리기의 예를 들면 8회의 1.6km를 7분 30초씩 달리는 것이다. 즉, 400m 트랙을 네 번 도는 데 7분 30초를 소요하고, 그 시간에는 휴식시간까지 포함된 것이다. 이렇게 하면 속도를 미리 예상할 수 있고, 그 선수의 한계를 알 수 있다.

⑧ 정상적인 속도와 그보다 낮은 속도의 달리기를 반복하라. 쉬는 시간 없이 몇 회 반복하라. 이렇게 하면 휴식시간이 없기 때문에 유산소 훈련에서 가

장 중요한 훈련이지만, 몸에 무리가 갈 수 있다.

⑨ 추위와 시간 부족으로 사이클을 탈 수 없다면 실내에서 바운딩(bounding)을 통해서 대퇴사두근(quadriceps)을 강화하라. 무릎을 많이 올리고 팔도 많이 올리며, 언덕길을 뛰어올라가듯 발을 높이 차라. 이와 같이 단거리를 달리듯 바운딩을 연습하면 대퇴사두근(quadriceps)과 둔근(gluteals)을 강화시켜 준다.

⑩ 무거운 것을 달고 연습할 때는 극히 제한된 시간만 사용하라. 대부분의 사람들은 살찌는 것보다 살 빼는 것을 좋아한다. 하지만 무거운 장갑이나 신발을 이용해서 간단히 심박수를 증가시키려면 훈련기술이 매우 중요하다는 것을 명심해야 한다. 대부분의 사람들에게는 효과가 거의 없고, 시간 제약이 있는 사람에게는 다소 효과가 있을지도 모른다. 하지만 달리기할 때 자세에 더 신경을 집중해야 한다.

1998년 국제 올림픽 코스 우승자인 마사 소렌센(Martha Sorensen)은 4월부터 트랙과 야외에서 5km 달리기 훈련을 시작한다고 한다. 그녀의 훈련방법은 야외에서 5분간 준비운동과 3분간 무산소 한계에 약간 못 미치는 속도로 6회 반복해서 뛰면서 세트간 90초의 휴식을 취한다. 속도는 숨이 찰 정도여야 한다. 10분에서 15분 정도의 마무리 운동과 더불어 100m를 가볍게 걷는 것을 4~5회 반복한다. 트랙에서는 1,600m를 3~4회 반복하되 심박수의 범위는 지구력훈련, 즉 무산소 한계보다 한 단계 낮은 상태를 유지하면서 세트간 휴식은 200보를 걷는다. 이 훈련의 목적은 경기 중 달리기를 시작할 때의 속도를 쉽게 유지하기 위함이고, 심박수가 높지 않아야 한다는 것을 강조하고 있는데, 너무 지나치면 부상의 위험이 있기 때문이다.

1994년 철인경기 우승자인 그렉 웰츠(Greg Welch)는 트랙과 트랙이 여유치 않은 곳에서는 파틀렉(Fartlek)을 권장하고 있다. 그가 즐겨하는 트랙 훈련은 전통적인 피라미드식이다. 즉, 400m, 800m, 1,200m, 1,600m, 1,200m, 800m, 400m를 차례로 달리는 것이다. 그는 이 훈련이 시작되면

V. 마라톤 연습

처음 2주까지는 400m, 800m, 1,200m, 1,600m 달리기를 하고, 피곤한 상태에서도 빨리 달릴 수 있는 상태가 되면 나머지 반도 훈련에 포함시킨다. 이와 같이 하면 힘과 속도를 증진시킬 수 있기 때문이다. 달리기할 때는 5km를 달리는 속도를 유지해야 한다. 예를 들면 5km를 18분 30초에 달릴 수 있다면 400m를 90초에 달려야 한다. 피라미드식으로 훈련을 할 때 모든 거리를 같은 속도로 훈련을 하되 후반부는 1~2초 줄이는 것이 좋다. 예를 들어 전반부는 400m를 90초에 달린다면 후반부 400m는 88초에 달릴 수 있어야 한다. 파틀렉(Fartlek) 훈련은 40분의 시간과 공간만 있으면 된다. 같은 도로를 왕복하거나 공원을 돌아오는 것도 상관없다. 그는 처음 10분은 천천히 달리고, 그 후에는 점차 속도를 올리되 무리하지 않을 정도가 되어야 한다. 훈련방법은 2분간 6회 반복하는데, 5km를 달릴 때의 속도를 유지하는 것이 중요하다. 2분간의 한 세트 후에는 1분간 가볍게 걷는다. 같은 도로를 왕복하는 경우에는 세번째 세트 후에 돌아와야 6회에 훈련을 마칠 수 있고, 10분간의 마무리 훈련을 한다. 이와 같이 훈련을 하면 점차 속도와 힘을 얻을 수 있고, 많은 노력을 드리지 않아도 된다. 그는 또한 심박계를 착용할 것을 강조한다.

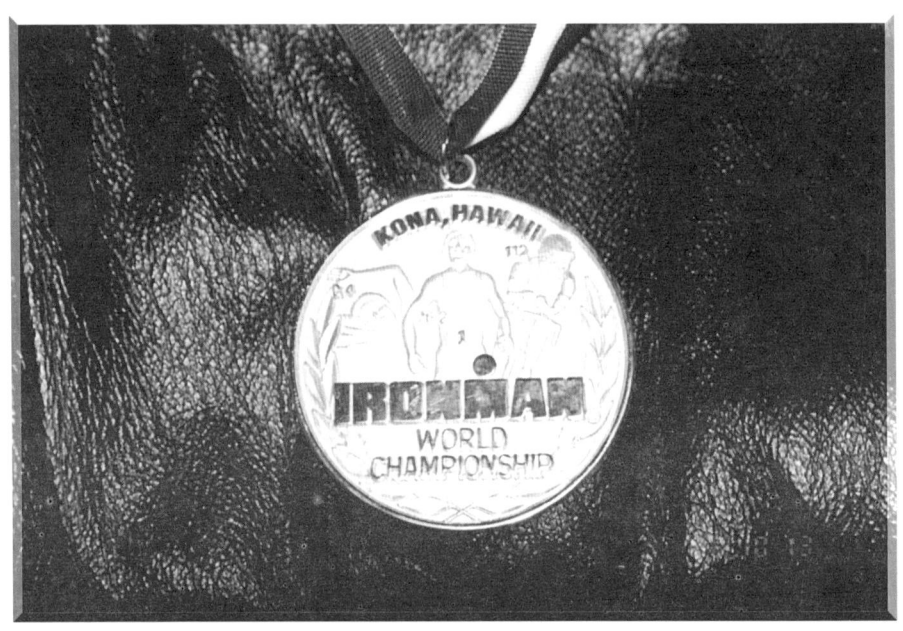

▲ 세계철인3종경기의 완주 메달

Ⅵ. 종합 훈련

 수영과 사이클 및 마라톤의 3종목을 체계적으로 훈련한다는 것은
우리와 같은 열악한 환경에서는 거의 불가능하다. 각 종목별로 훈련에
필요한 시설이 절대적으로 부족하거나 빈약하고, 같이 훈련할 수 있는
인원도 부족하며, 시간적인 여유가 없다는 것 역시 우리 나라
철인3종경기가 보다 더 빨리 발전할 수 없는 요인이기도 하다.
하지만 참여하고자 하는 저변만 확대된다면
국내에서도 많은 발전을 기대할 수 있을 것으로 판단된다.
여기서는 위외 3종목을 어떻게 과학적으로 혼합하며 훈련하는 것이
바람직한 것인지를 소개한다. 가장 중요한 것은 개인이 혼자
훈련하는 것보다는 동호인 모임과 같이 그룹으로 훈련하는 것이
훨씬 효과적이고, 반드시 훈련일지를 작성하라는 것이다.
 또한 철인3종경기에 필요한 나머지 정보도 이 분야에 소개하고자 한다.
국내외에서 여러 가지 방법이 소개되고 있는데, 가장 대표적인 방법
몇 가지를 소개하려고 한다. 참고로 1998년도에 세계철인경기대회에서
선수들을 대상으로 설문조사한 결과를 살펴보면 그들의 평균 훈련기간은
7개월이었고, 주당 평균 훈련시간은 18~22시간으로 조사되었으며,
주당 평균 훈련거리는 수영이 11.3km, 사이클은 373.3km,
마라톤은 77.2km로 나타났다.

1. 탈수 예방법 [43]

봄철에 기온이 따듯해지면 수분 섭취가 매우 중요하다. 더운 기후에서 운동하는 동안 혈액은 활동 중인 근육에 산소와 에너지를 공급한다. 혈액이 근육을 통과하는 동안 열을 흡수한다. 신체의 온도를 낮추기 위해서 열을 흡수한 혈액은 피부에서 땀을 내기 위하여 운반된다.

운동 중에 1kg의 땀을 흘리면 분당 8회의 심박수가 증가하고, 매 심박당 펌핑하는 혈액의 양은 분당 0.95 l 가 감소하며, 온도는 약 0.5° 증가한다. 만약 68 kg인 사람이 체내의 수분을 2% 잃게 되면 약 6컵의 양이 되는데, 달리기 속도는 20% 정도 감소한다. 4% 수분이 빠져 나가면 30%의 운동능력이 감소되고 탈수증세를 일으키게 된다.

■ **탈수를 예방하려면**
- 이른 아침에 240~480cc 정도의 물을 마신다.
- 경기 중에 매시간 120~240cc의 물을 마신다.
- 커피와 술 등 이뇨작용을 하는 음료는 금한다.
- 경기 중에 항상 물을 마실 수 있는지 확인한다.
- 체온이 오르거나 높은 곳에 오를 때는 물을 더 마신다.
- 여행 중에는 물의 섭취를 늘린다.

43) 자료 : Friel, Joe, http://www.bpr.com/triathlon/hydrating.htm

VI. 종합 훈련

더운 곳에서 운동할 때는 물의 섭취량이 급격히 증가한다. 얼마나 많은 양의 물이 시간당 필요한가는 선수의 체중에 속도를 곱하고 이에 1.43을 다시 곱한다. 예를 들면 68kg의 선수가 12km/h로 달리면 시간당 1,167cc(68×12×1.43)의 물을 공급받아야 한다. 다른 방법으로는 훈련 전과 후의 체중을 비교하여 그 차이만큼 동일한 훈련 중에 조금씩 나눠 마시는 방법도 있다.

■ 훈련 중 음료와 탄수화물의 공급방법은 다음과 같다.
- 운동 2시간 전에 480~960cc의 물을 마신다.
- 운동 15분 전에 또 240~480cc의 물을 마신다.
- 운동 중에는 체중과 운동강도에 따라 매 15분마다 120~360cc의 물을 마신다.
- 한 시간 이상의 장거리 운동을 할 때는 스포츠 음료를 마셔 탄수화물을 보충한다.
- 몸에서 많이 흡수하게 하려면 조금씩 자주보다는 한 번에 많이 마시는 것이 좋다.

2. 종합 훈련방법

1) 요일별 훈련 일정

다음 표는 미국 애리조나 철인3종경기 클럽에서 제안하고 있는 요일별 훈련 일정[44]이다. 정확히 어느 정도의 수준을 목표로 하는 것인지는 나타나지 않았으나, 앞서 제시된 1998년도 세계대회 참가자의 설문조사 결과와 비교

---

44) 자료 : http://members.aol.com/hattrick11/work.htm, 미국 애리조나 철인3종경기 클럽.

하면 훈련량이 큰 차이를 보이고 있어 올림픽 코스나 하프 코스를 목표로 설정된 훈련 일정으로 추정된다.

물론 표에 제시된 훈련보다 많은 훈련량을 소화할 수 있다면 아이언맨 코스에도 적용할 수 있을 것으로 판단된다.

요일 \ 종목	수영	사이클	달리기	근력운동
일			13~16km @55~70% MHR	
월	400 천천히 6×50 1분마다 3×400 40초 휴식 12×100 빨리 15초 휴식			1시간 동안 상체만
화		55km @70~85% MHR		
수			30분간 천천히	1시간 동안 하체만
목	400 천천히 10×200 천천히와 빨리 반복	5분씩 6회 인터벌 훈련		
금			10km @70~85% MHR	
토	1500m 기록 측정	80~130km @55~70% MHR		

＊MHR : Maximum Heart Rate의 약자로서 최대 심박수를 의미함.

VI. 종합 훈련

한편, 국내의 철인3종경기 민간 지원단체인 KTS(Korea Triathlon Service)에서 올림픽 코스에 출전하려는 초보자들에게 훈련 일정을 제시하고 있는데, 그 내용은 다음 표와 같다.

그 일정을 살펴보면 일 주일에 3일은 2종목을 연속해서 할 것과 일주일 중 하루는 반드시 휴식을 취해야 한다. 또한 3종목은 30~60분 동안 일정한 속도를 유지하면서 훈련해야 한다. 예를 들면 수영은 50m를 1분에, 사이클은 시간당 40km(롤 사용시), 달리기는 시간당 12km의 속도를 지속적으로 유지하라는 것이다. 이 훈련시 자신의 체력 한계(적정 심박수) 내에서 해야 한다.

요일 \ 종목	수영	사이클	달리기	소요시간
일				
월	30분			30분
화		30분	30분	60분
수	30분	30분		60분
목		30분	30분	60분
금	30분		·	30분
토		60분	60분	120분
계	1.5시간	2.5시간	2.0시간	6.0시간

2) 심박계를 이용한 훈련 I

1980년대 후반부터 사용되기 시작된 심박계는 훈련에 꼭 필요한 것이라기보다는 그저 신기한 것으로만 여겨졌다. 그 당시에는 비싼 가격에다 정확하게 측정되지 않았다. 그러나 세계적인 철인3종경기 선수들이 매일 훈련에 심박수를 측정하면서부터 새로운 운동 보조기구로 인식되고 있다.

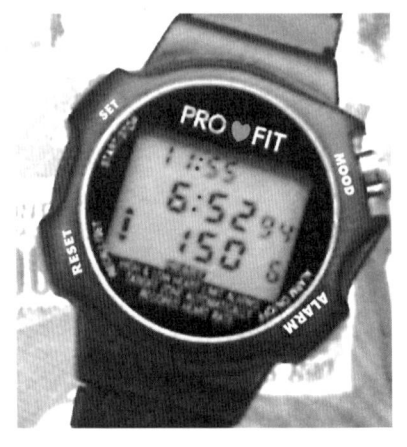

요즘은 세계적인 선수들은 모두 심박계를 훈련에 이용하고 있다. 심박계는 장난감에서 돈으로 환산할 수 없는 기구로 전환된 것이다. 많은 운동선수들이 심박계를 소유하고 있지만 사용방법을 잘 모르는 경우가 많다.

심장은 신체의 다른 부위와 같이 훈련에 의해서 강화되고 크기도 커질 수 있는 하나의 큰 근육이다. 운동의 강도와 횟수에 따라서 심장 근육은 강화되어 매번 박동할 때마다 많은 양의 피를 근육에 전달할 수 있게 된다. 잘 훈련된 선수들이 낮은 심박수를 나타내는 것이 그 이유이다. 세계적인 마라토너 중 한 선수는 안정 심박수가 분당 32회에 불과한 선수도 있다. 이 정도는 일반인에게 죽거나 찬 물에 빠져서 거의 익사할 때의 심박수에 해당된다. 안정 심박수는 아침에 잠자리에서 깰 때 누워서 측정되어야 한다.

운동을 하면 그 사람의 최대 심박수(MHR)를 변화시키는 것이 아니라 안정 심박수(RHR)를 변화시킨다. 인간의 최대 심박수는 선천적인 요소로서 나이가 증가함에 따라 감소한다. 연구결과에 의하면 인간의 최대 심박수는 평균 매년 1회씩 감소한다고 한다.

최근 보고에 의하면 운동하는 사람들은 운동하지 않는 사람들보다 최대 심박수가 덜 감소하는 것으로 나타났다. 다음 공식은 일반적으로 연령에 따라 최대 심박수(MHR)를 간단하게 산정하는 방법이다. 하지만 이 방법은 개인별로 오차가 많은 것이 흠으로 지적되고 있다. 즉, 같은 연령이라도 운동을 꾸준히 한 사람과 하지 않았던 사람과의 차이는 고려하지 않은 것이다.

남자 : 220 - 나이 = MHR
여자 : 200 - 나이 = MHR

VI. 종합 훈련

트레드밀(러닝머신)이나 간이 풀(lap pool) 및 실내자전거를 이용하여 훈련강도를 높이면 그 사람의 최대 심박수를 측정할 수 있다.

심박계를 이용한 훈련계획을 마련하려면 5단계의 심박존과 각 존이 어떻게 이용되는지를 이해해야 한다. 각 존은 최대 심박수의 백분율로 표시되고 각 존의 범위는 다음과 같다.

다음의 그래프에서 만약 35세인 선수가 지구력 운동을 할 때의 심박수는 분당 130~155회를 유지해야 한다는 것이다. 이 그래프는 연령에 따른 평균적인 심박수를 나타내고 있다. 따라서 지속적인 운동 여부에 따라 같은 연령이라도 심한 차이가 있을 수 있다.

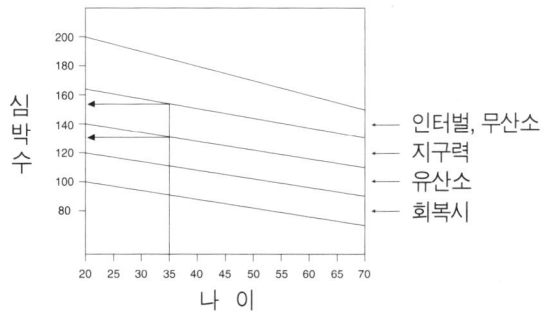

각 존은 다른 목적으로 사용된다. 각 존이 언제 어떻게 이용되는지를 알아야만 지방을 태우고 지구력을 증가시키며, 전체 속도를 증가시킬 수 있다. 각 존에 대한 이론은 다음과 같다

■ **인터벌(90~100%)**

이 존은 훈련강도가 높고 자주 사용하지 않는다. 전체 훈련 중 10~25% 정도만 이 존에 포함되어야 한다. 인터벌 훈련은 짧고 매우 빨리하는, 즉 훈련의 강도가 매우 높은 대신 매 훈련시간의 반 정도는 휴식을 취하는 것이 특징이다. 인간의 신체는 운동을 통해서 근육이 강화되기 때문이다. 예들 들면 수영을 100m를 1분 20초씩 5회 하게 되면 매회마다 40초의 휴식을 갖게 하는 것이다. 이러한 훈련은 경험이 없는 선수나 코치에 의해서 주도되면 안 된다. 반드시 이러한 분야에 기본을 알고 있

고, 전체 운동을 통해서 선수들의 능력을 증진시킬 수 있는 사람만이 이 훈련을 지도할 수 있다.

■ **무산소 한계(AT, 80~90%)**
운동상태를 가장 정확하게 판단할 수 있다. 이 시점에서 선수의 근육에 젖산이 축적되어 근육의 긴장과 피로의 원인이 되기 때문이다. 대부분의 사람들의 AT치는 MHR의 80~90% 범위에 있다. MHR과는 달리 AT치는 지속적인 운동을 통해서 증가시킬 수 있는데, 이는 현재의 AT치보다 심박수를 분당 3~5회 낮게 한다는 것을 의미한다. 한 연구결과에 의하면 인간의 AT치는 30%까지 증대시킬 수 있다고 한다. 여기서 증대시킨다는 것은 근육에 축적된 많은 양의 젖산을 분해시킬 수 있다는 것을 말한다. AT치를 결정하는 방법은 단거리나 중거리 달리기를 반복하거나 사이클 또는 수영을 반복하되 계속해서 시간을 줄이려고 노력해야 하고, 피로가 누적되어 더 이상 시간이 줄어들지 않는 시점이 그 선수의 AT치가 된다. 이때 심박수를 측정하고 어떻게 변화되었는지를 관찰한다.

■ **지구력(70~80%)**
얼마나 많은 양의 훈련을 수행했는지를 알 수 있는 단계로서 이 단계에서의 훈련은 실제 경기보다 약간 늦은 속도를 유지한다. 과로하지 않는 것도 중요하지만 운동의 강도가 너무 낮게 유지되어서도 안 된다. 이 단계에서의 운동은 전체 운동상태를 증진시키고 심폐기능을 향상시켜서 거리와 속도를 동시에 증진시킨다. 근육에는 산소가 필요하게 되고 더 많은 양의 산소를 소비하게 된다.

■ **유산소(60~70%)**
모든 사람이 에어로빅 운동을 잘 알고 있다. 이 단계에서는 에너지원인 근육운동에 필요한 충분한 산소를 공급받으면서 운동하는 상태를 말한다. 이 단계에서의 훈련은 신체로 하여금 긴 경기시간이 필요한 지구력 운동에 적응시킬 수 있는 기회가 될 수 있다. 따라서 지구력이 필요한 신체로 하여금 긴 시간 동안 피로를 이겨낼 수 있는 능력을 키우게 한다. 매주에

VI. 종합 훈련

한 번은 이러한 긴 운동시간을 갖는 것이 필요하다.

■ 회복기(50~60%)

운동상태를 유지할 수 있는 가장 낮은 상태이다. 운동을 시작하는 상태를 제외하면 매우 조금 또는 전혀 진전이 없게 된다. 이 단계는 인터벌 훈련을 하고 난 다음날과 같이 회복이 필요한 시기에 적용된다. 회복기의 가치를 과소평가해서는 안 된다. 많은 운동의학 보고에 의하면 운동선수들이 큰 경기에서 실패하는 가장 큰 이유는 훈련이 과했기 때문으로 나타났다. 1996년 올림픽에서 25%의 선수들이 심하게 훈련을 했기 때문에 실패했다.

시간을 절약하기 위해서 구체적인 훈련계획은 4주 전에 계획되어야 한다. 즉, 다음 달에 어떤 훈련을 해야 하는지를 정확하게 파악하고 있어야 한다. 따라서 훈련계획을 짤 때 다음 사항에 유의해야 한다.

① 경기력을 향상시키기 위해서 3종목 모두 필요하다. 두 종목은 현재 상태를 유지하면서 한 종목은 현재보다 향상시킨다.

② 인터벌 훈련은 일 주일에 1회 이상 하지 말아야 한다(전체 훈련량의 10~20%). 그 이상 하게 되면 부상이나 훈련 과다로 오히려 경기력이 떨어질 가능성이 있다.

③ 인터벌 훈련을 하고 난 다음날은 휴식 및 회복기간이 필요하다. 그날은 전혀 운동하지 않는 것이 가장 좋고, 회복기와 같은 훈련도 훈련 과다로 될 수 있다.

④ 주된 훈련은 지구력에 투입되어야 한다(전체 훈련량의 50~75%).

다음은 일 주일 동안의 훈련을 심박존에 맞춰 제시한 것이다. 훈련계획을 작성할 때 기본적으로 유산소와 지구력 및 인터벌 훈련이 한 번 씩은 포함되도록 하고 있다.

요일 \ 종목	수영	사이클	마라톤
일			인터벌
월	인터벌		
화		인터벌	지구력
수	지구력	회복	
목			지구력
금		유산소	
토	지구력		유산소

3) 심박계를 이용한 훈련 II[45]

　앞서 제시된 심박계를 이용한 훈련방법은 연령별로 평균적인 심박수를 기준으로 책정된 것이다. 따라서 꾸준한 운동 여부에 따라 개인적인 편차가 심할 수도 있는데, 여기 제시된 방법은 직접 개인별로 안정 심박수와 최대 심박수를 측정한 다음, 각 개인에 맞는 운동량을 결정하는 훈련방법이다.
　선수들의 훈련강도는 경기력에 직결된다. 높은 강도의 훈련이 없는 훈련 프로그램은 유산소 능력을 강화시키지 못하는 반면 너무 훈련강도가 높아도 부상이나 과도한 훈련으로 인한 후유증이 나타나게 된다. 따라서 훈련강도의 수준은 코치나 선수 모두에게 중요하다. 맥박수를 측정하는 심박계는 훈련할 때 분 단위로 평균 심박수를 나타낸다. 심박계는 현재 하고 있는 운동이 너무 빠른지 또는 너무 느린지를 알 수 있게 한다.

45) Mickleborough, T., "Blood, Sweat, and Millimoles," Triathlete, February 1999, p.54

VI. 종합 훈련

■ 안정 심박수(RHR)

선수의 안정 심박수는 아침에 잠에서 깨자마자 측정되어야 한다. 맥박은 1분 동안 손목을 짚어서 측정한다. 알람시계에 의해서 깨어났다면 심박수가 약간 증가될 수 있으므로 5분이 경과한 다음 측정한다.

■ 최대 심박수(MHR)

앞서 제시된 최대 심박수는 평균치로 책정된 220에서 나이를 빼는 방법이었는데, 모든 이에게 정확히 적용될 수는 없다. 나이가 35세 미만이고 건강하며, 식구들 중에 심장병력이 없다면 MHR을 측정할 수 있는 방법이 있다.

약 20분 정도 준비운동을 하고 1마일(1.6km)을 전력질주한다. 그 다음은 4분 정도 언덕길을 2번 전력으로 오를 수 있는 곳에서 측정하되, 언덕길에서 마지막 60초는 기진맥진할 정도가 되어야 한다. 언덕을 다 오르고 나서 매회 심박수를 측정하고, 2번의 평균을 내면 그것이 본인의 최대 심박수(MHR)가 된다. 불행하게도 이 방법 외에 쉬운 방법은 없다. 사이클로도 측정이 가능한데, 경사가 급한 언덕길을 2회 오르되 매회 3~5분 오른 후 MHR을 측정한다. 최대 심박수에 다다르는 것이 육체적으로는 힘들지만 자신에 대한 중요한 정보를 얻을 수 있다. 다리가 따라가지 못할 정도면 마지막 30초만이라도 전력으로 페달링한다. 전력으로 페달링한 후 매회 심박수를 잰다. 2회의 평균을 낸 것이 최대 심박수가 된다.

■ 심박수의 범위

만약 안정 심박수가 분당 40회이고 최대 심박수가 분당 180회라면 이 선수의 심박수 범위는 180 - 40 =140회가 된다. 따라서 이 두 수치를 이용하여 운동강도를 다음과 같이 계산할 수 있다.

$$(MHR - RHR) \times (운동강도, \%) + RHR$$

■ 장거리 및 회복기 훈련 : 60~75%의 강도
60%와 75%의 운동강도는 위의 식을 이용하여 다음과 같이 계산한다.

$$(180 - 40) \times 0.6 + 40 = 124회/분$$
$$(180 - 40) \times 0.75 + 40 = 145회/분$$

가정된 심박수를 가진 선수라면 장거리 달리기나 사이클의 훈련이나 회복기의 심박수는 분당 124회에서 145회 사이에 있어야 한다. 이 범위의 하한선에 유지하도록 신중을 기해야 한다.

■ 속도훈련 : 78~82%의 강도
같은 방법으로 78%와 82%의 운동강도를 계산하면 각각 149와 154회/분이 된다. 이 범위는 한 시간 동안 달리거나 사이클 탈 때 적용하거나 인터벌 훈련을 위한 기초훈련시에 적용한다. 철인경기할 때의 심박수는 대부분의 시간이 이 범위 내에 있게 된다. 훈련 프로그램을 수행하고 있고, 보다 안정된 훈련을 원하는 사람들은 앞서 제시된 220에서 나이를 빼는 방법을 적어도 1년 정도 적용하는 것이 좋다. 이 범위는 무산소 한계(AT)로 전이하기 위한 단계이기도 하다.

■ 인터벌 훈련 : 85~90%의 강도
85%와 90%의 운동강도는 각각 159와 166회/분으로 계산되고, 이 범위에서는 훈련의 강도가 높다. 예를 들어 400~1,000m의 거리를 트랙에서 반복하는 것이고, 무산소 한계(AT)에 근접해야 한다. 최대 산소섭취량(VO₂max)과 최대 심박수(MHR) 및 AT 값을 측정할 수 있는 운동처방실을 이용할 수 있다면 인터벌 훈련의 범위는 AT 값에서 2회를 뺀 값부터 AT 값에서 3회를 더한 값의 범위, 즉 AT 값에서 5회 내의 범위에서 훈련을 하는 것이 바람직하다.

일부 엘리트 선수들은 그들의 최대 심박수(MHR)의 90~92% 정도의 AT 값을 나타내기도 한다. 운동을 많이 할수록 또한 훈련기간 중 인터벌 훈련을 많이 할수록 그의 MHR에 가까운 AT 값을 갖게 된다. 10km 달리기를 하면 심박수는 AT 값보다 3~5회 높은 선을 유지해야 한다. 또한 10마일(16km) 달리기나 40km 사이클은 AT 값을 유지해야 한다.

사이클할 때 AT 값은 달리기할 때 AT 값보다 보통 5~10회 낮은 값을 나타내는데, 이는 사이클하면서 사용하는 근육이 적기 때문이다. 이 두 가지 훈련을 많이 할수록 두 운동의 AT 값은 같아질 것이다. 훈련할 때는 이 범위를 많이 초과하지 않는 것이 바람직하다. AT 값은 심박계를 차고 야외에서 40km 사이클 경기를 평탄한 곳에서 하거나 10마일(16km)에서 13.1마일(21.1km) 달리기 경기를 평탄한 곳에서 하면서도 측정할 수 있다.

좋은 결과를 얻기 위해서는 경기하기 전에 충분한 휴식을 취하는 것이 중요하다. 경기 중 평균 심박수는 AT 값을 의미한다. 이러한 훈련의 목적은 AT 값을 올리기 위함이다.

■ 경기속도 : 91~95%의 강도

91%와 95%의 운동강도는 각각 167과 173회/분이며, 이 심박수는 5~10km 달리기할 때는 이 값을 유지할 수 있으나 그 이상은 불가능하다.

철인경기는 시간과 에너지에 의존하는 운동이고, 중요한 원리를 알고 목표를 성취할 수 있어야 한다. 이러한 목표를 성취하기 위해서 심박계와 정확한 운동강도는 목표를 달성하기 위한 훌륭한 도구가 될 수 있다.

3. 연간 훈련계획 작성 [46]

왜 훈련이 필요한가? 신선한 공기를 흡입하고 동호인과 친분관계를 유지하고 운동을 즐기기 위해서인가? 아니면 경기에 임할 때처럼 몸 상태를 유지하

---

46) 자료 : Friel, Joe, http://www.greatdoors.com/velonews/training/friel/archive/ 997/vn6/

기 위함인가? 이같은 말이 틀린 것은 아니지만 가장 확실한 대답은 경기를 준비하기 위함이다. 그러나 실제 훈련량은 자신이 할 수 있는 능력만큼은 채우지 못한다. 일부만 이루더라도 훈련계획이 필요하다.

여기서는 간단한 4단계로 구성된 연간 훈련계획 작성요령을 소개하고자 한다.

1) 작년 시즌의 분석

올해 어느 경기에 참가할 것인지는 최근에 어느 경기에 참가했나를 기록해야 한다. 다음 2가지 질문을 기록한다.

① 작년 시즌에 잘된 것이 무엇인가? 간단하게 작년 시즌에 이룩한 업적을 기록한다. 예를 들어 더 꾸준하게 훈련했고 언덕길 연습에 더 많은 시간을 할애했으며, 클럽에 소속되어 활동을 시작했고 지구력이 향상되었다 등이다.

② 작년 시즌에 경기하면서 가장 아쉬웠던 점은? 어떤 훈련을 어떻게 하면 작년에 실패한 점을 보완할 수 있을까? 강도 높은 지구력 훈련을 하면 그 고비를 넘길 수 있을까? 힘을 더 배가시키면 골인을 먼저 할 수 있을까? 이러한 질문에 대한 답변기록은 그 선수의 장점과 단점을 보완하는 데 큰 도움이 된다.

2) 금년 목표의 설정

중요한 질문부터 시작하자. 올해 가장 큰 목표로 하는 경기는 무엇인가? 이 질문에 사이클에서 5위 이내에 끝내고 결승점은 입상권 내에 드는 것이라고 할 수 있다. 하지만 이 질문에 대하여 소원과 혼동하지 말아야 한다. 선수들은 그들이 이루고 싶은 것에 대하여 공상에 잠기기도 하고 그렇게 되도록 용기를 북돋아 준다. 소원은 꿈이 될 수 있고, 꿈은 현실이 될 수도 있다. 그러나 소원과 꿈은 통상 한 시즌보다 더 긴 세월이 필요할 수도 있다.

보다 현실적으로 접근해 보자. 올해 클럽에서 연습할 때 문제점이 있다면 올해 입상권 내에 드는 것은 소원이지 목표가 아니다. 소원의 문제점은 잘 알고 있듯이 금방 성취할 수 있는 것은 아니다. 성취하고자 하는 것을 보장받는 것이 아니다. 좋은 목표는 그 한계까지 뻗치되 올해 안에 성취할 수 있는 계획을 세워야 한다.

목표가 설정되었으면 다른 한두 가지 중요한 것들도 염두에 두도록 한다. 3가지 이상은 헷갈릴 수 있으므로 염두에 두지 않는 것이 좋다. 그것들은 경기에서 구체적으로 성취할 수 있는 것이라야 한다. 예를 들어 "수영을 보다 빨리 끝내자."라고 하지 말고, "1시간 20분에 끝내자."라고 보다 구체적인 계획을 세워야 한다.

다음은 목표를 성취하기 위해서 신체적인 조건을 검토한다. 이것들은 목표가 되는데, 현재 안고 있는 단점과 목표로 하는 요구조건과 비교한다. 여기서 맞지 않는 것을 기록한다. 만약 단점을 발견했다면 지구력을 증가시키는 것이 목표가 되고, 40km 사이클을 1시간 내에 타는 것은 무산소 지구력이 필요하고 이것 역시 목표가 될 수 있다.

3) 참가 경기의 우선순위 결정

시즌 초에 올해 참가할 경기를 결정하지는 않았지만 중요한 경기가 언제 있는지는 알고 있어야 한다. 8개에서 12개까지 중요한 경기일정을 기록한다. 12경기를 넘지 말아야 한다.

중요한 경기를 선정할 때 언론의 주목을 많이 받는 경기나, 상금이 많은 경기를 선택하라는 의미는 아니다. 만약 어떤 경기가 본인이 살고 있는 지역에서 개최되면 그 경기가 중요한 경기가 되는 것이다. 앞서 기록한 경기 중 3

개나 4개의 경기를 추린다. 4개 이상을 넘지 않아야 한다. 여기서 선택된 경기를 A급 경기라고 지정한다. 그러면 올해의 모든 일정은 이들 경기에 맞춰서 작성되어야 한다. 이들 경기는 시즌 막판 6주에 몰려 있을 수도 있고, 시기적으로 2개의 군으로 몰려 있을 수도 있으며, 봄에 4주 안에 2~3개의 경기가 또는 여름에 3주 안에 1~2개의 경기가 몰려 있을 수도 있다. A급 경기는 하나의 중요한 경기로 간주한다.

통상 가장 중요한 경기는 선수들의 몸 상태가 절정에 다다른 시즌의 마지막에 있게 된다. 중요하지만 B급 경기라고 기록된 경기를 위해 훈련할 수는 없다. B급 경기는 시즌에 걸쳐 골고루 분포하게 된다. 물론 C급 경기로서 시즌 훈련을 겸한다고 결정한 경기들이 있다. C급 경기는 경험삼아, 심지어 재미로 또는 훈련의 일환으로 또는 A급 경기를 위한 숨고르기로 삼아 출전할 수 있다.

4) 주기계획 작성

 이 단계에서 결정할 것은 어떻게 훈련을 하느냐가 된다. 큰 달력에다 개최되는 날자에 A급 또는 B급으로 분류된 경기를 기록한다. A급으로 분류된 경기는 확실히 기록해 둔다. 그 해의 시즌에서 A급으로 분류된 경기군(群)을 찾아서, 그 군에서 가장 먼저 개최되는 A급 경기로부터 2주 전 날짜에 '절정(peak)'이라고 적어둔다. 그 날짜로부터 8주 전에 '도약(build)'이라고 적어둔다. 만약 다른 A급 경기가 이 8주 안에 포함되면 그 해에 다시 절정에 도달해야 하는 문제점이 발생한다. 이 경우 A급 경기의 분류를 다시 한 번 고려해 보거나 전문가의 조언을 듣는다.

 앞의 과정을 A급 경기로 분류된 시즌 초반 경기에 대하여 반복한다. 완벽한 주기계획은 A급 경기군 간의 시기적인 간격이 1주 내지 2주 정도가 되는 것이다. 훈련 중에 공백기간이 있으면 그 기간은 휴식을 충분히 취해야만 신체적인 또는 정신적인 피로감을 잊을 수 있고, 그 시즌 내에 절정을 위한 재충전의 기회로 활용할 수 있다. 훈련량이 적은 기간이 없으면 8월쯤 녹초가 될 것이다.

 대부분 봄철의 도약기간은 A급 경기를 준비하기 위해서 3월에 시작된다. 이 시기가 되면 훈련 일정에서 준비(Prep)기간과 기초(Base)기간이 지나가게 된다. 실제로 준비기간과 기초기간은 훈련을 위한 훈련기간이다. 그 기간 중에는 도약(Build)기간에 받게 될 근육의 스트레스를 준비하는 기간이다. 도약단계에서는 2단계에서 설정된 목표를 향해 훈련하는 것이다. 이는 기초기간에 훈련한 것보다 긴 거리와 강도를 승가시키게 된다. 절정(Peak)기간 동안 전체적인 훈련량(시간)은 줄이고 경기와 같은 강도의 훈련량이 많아야 한다. 짧은 경기(Race)기간에는 훈련과 경기는 동일한 것이다. 경기가 곧 훈련인 것이다.

 이와 같이 하는 것으로 올 시즌을 계획하는 하는 일이 다소 간단하다고 느껴지겠지만 대부분의 선수들이 이와 같이 계획하고 있다는 것이다. 목표를 다소 높게 책정하는 일부 선수들도 있을 수 있다. 그러나 이런 선수들은 다른 내용의 훈련이 필요하고, 이 경우에는 경험이 많은 코치나 트레이너와 상의를 해야 한다.

시기	기간	목적
준비	4~8주	심장혈관을 위한 유산소 운동, 유연성 운동 및 일반적인 근력운동
기초	8~16주	유산소 운동을 위하여 사이클의 훈련거리와 시간을 증가. 유연성 운동, 언덕길 훈련을 포함한 보다 구체적인 파워 훈련
도약	6~10주	훈련량을 고정시키고 강도를 경기수준으로 증가. 파워 유지 및 3~4주마다 회복기 포함
절정	1~4주	훈련량을 감소하고 강도는 경기수준으로 유지. 파워 유지
경기	1~6주	훈련량을 감소하고 경기에 필요한 힘을 비축하기 위하여 휴식과 회복
전환	1~6주	훈련량과 강도를 낮춘다. 경기가 없으므로 재충전 기간. 여러 가지 운동을 할 수 있도록 준비

Ⅶ. 실내 또는 겨울철 훈련

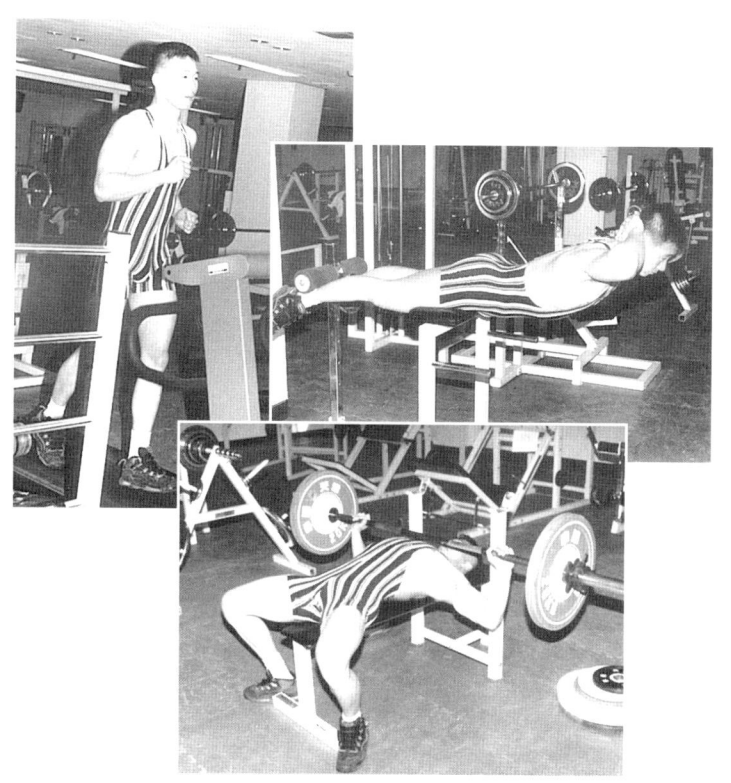

1. 근력운동(Weight Training) [47]

1) 근력운동의 목적

철인경기에 필요한 근력운동은 다음과 같은 이유에서 필요하다.

① 근육이 발휘할 수 있는 힘을 증가시킨다.
② 짧은 시간 내에 근육이 최대의 힘을 발휘할 수 있도록 한다.
③ 근육이 발휘할 수 있는 최대의 힘을 연장시켜 준다.

2) 근력운동의 장점

① 뼈의 밀도를 증가시킨다. 연구결과에 의하면 뼈에 장력이 가해지면 뼈의 밀도가 증가한다고 한다. 수영은 뼈의 밀도를 증가시키지는 않는다. 예전에 많은 수영선수 중에 골다공증 환자가 많았는데, 달리기는 이러한 증상을 연장시킬 수 있고 근력운동이 가장 효과적인 것으로 나타났다.

② 관절 주위의 인대를 강화시킨다. 인대는 뼈와 뼈를 연결하고 건(腱)은 뼈와 근육을 연결시키는데, 근력운동은 인대와 건의 크기와 힘을 증가시킨다.

③ 관절의 유동성을 증대시킨다. 건은 상대적으로 신축성이 있어서 증가된 힘과 크기는 관절의 유동성을 증대시킨다. 스트레칭은 관절의 유동성과 근육의 유연성을 키운다.

---

[47] 자료 : Scott, Dave, Triathlon Training, 1986

3) 근력운동의 종류 및 방법

 근력운동은 다른 운동과 함께 항상 하는 것이 좋고, 다음과 같이 4단계로 나눠서 운동하는 것이 효과적이다.

① 시즌 전(Pre-season)
 이 기간 동안은 경기 전에 있을 강도 높은 훈련을 위하여 힘을 점차 증가시켜야 한다. 근력운동은 다음 표에서 1번부터 7번까지이고, 경기 전보다 1세트씩 적게 한다.

② 경기 전(Pre-Competitive)
 연중 이 기간에 가장 많은 근력운동이 필요하다. 근력운동은 1번부터 8번까지이고, 너무 부담스러운 경우 시즌 전과 같은 양도 상관없다.

③ 경기 중(Competitive)
 이 기간에는 경기와 근력운동을 병행하기 때문에 강도는 낮게 한다. 근력운동은 1번부터 8번까지이고, 경기 전보다 1세트씩 적게 한다.

④ 경기 후(Post-Competitive)
 근력과 지구력을 유지하면서 휴식도 취해야 한다. 근력운동은 1번부터 4번까지이고, 모든 근력운동에서 경기 중보다 1세트씩 적게 한다.

 일반적으로 하는 근력운동은 무게를 위주로, 즉 중량을 올리는 것을 목표로 운동을 하지만 철인경기를 위한 근력운동은 근지구력 운동이 되어야 한다. 즉, 같은 운동이라도 중량보다는 반복 횟수가 중요하다. 예를 들어 벤치 프레스에서 100kg의 무게를 10회 하는 것보다 80kg을 15회 또는 20회 하는 것이 더 효과적이다.

근력운동의 종류 및 방법 (괄호 안의 숫자는 사진 번호를 의미함)

번호	운동 내용	1회 반복 횟수	세트수	세트당 휴식시간
1	Bench Press(1)	12~20	5	50~90초
	Upright(2) & Bent-over Rowing(3)	12~20	4	
2	Military Press(4)	10~16	4	50~90초
	Lat Pull-down(5)	10~16		
3	Leg(Quadriceps) Extension(6)	15~25	4	90초 동안 주위를 걷는다
	Leg(Hamstring) Curl(7)	15~25		
4	Triceps Extension(8)	8~12	무게를 줄여가며 4	50~90초
	Biceps Curl(9)		무게를 줄여가며 3	손을 폈다 쥐었다 한다
5	Leg Press(10)	30~50	3	50~90초
	Leg(Hamstring) Curl	15~25		
6	Triceps with Dumbbells(11)	8~12	3	휴식 없이
	Abdominals(12)	최대한		
7	Hyper Extension(13)	15~20	3	50~90초
	Abdominals(Mini-ups)	15~20		
8	Triceps with Two-arms(14)	8~12		휴식 없이
	Calf Raises(15)			

Ⅶ. 실내 또는 겨울철 훈련

▲ <사진 1> 벤치 프레스(Bench Press)

▲ <사진 2> 업라이트 로잉(Upright Rowing)

▲ <사진 3> 벤트오버 로잉(Bent-Over Rowing)

▲ <사진 4> 밀리터리 프레스(Military Press)

Ⅶ. 실내 또는 겨울철 훈련

▲ <사진 5> 랫 풀다운(Lat Pull-Down)

155

▲ <사진 6> 레그 익스텐션(Leg Extension)

▲ <사진 7> 레그 컬(Leg Curl)

Ⅶ. 실내 또는 겨울철 훈련

▲ <사진 8> 트라이셉스 익스텐션(Triceps Extension)

▲ <사진 9> 바이셉스 컬(Biceps Curl)

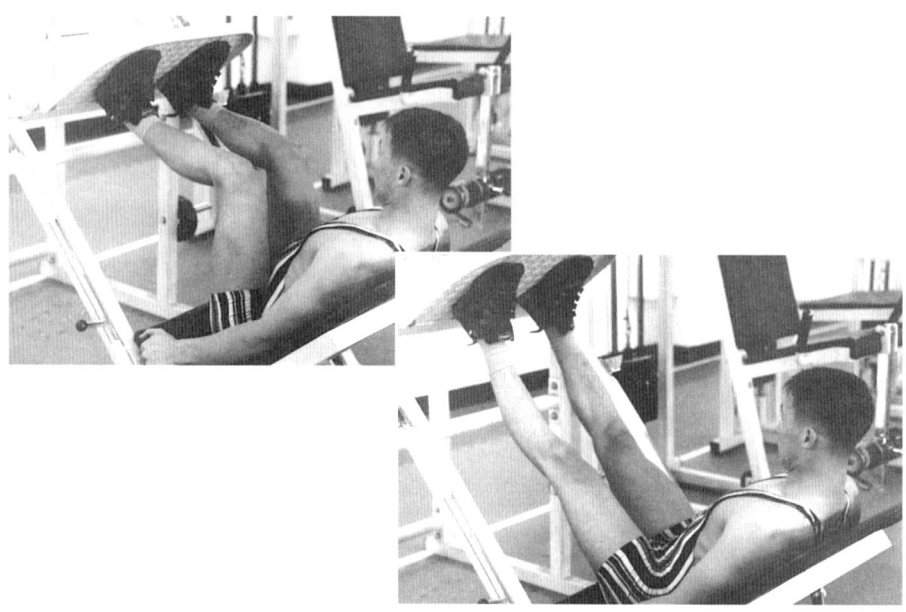

▲ <사진 10> 레그 프레스(Leg Press)

▲ <그림 11> 덤벨 트라이셉스(Dumbbells Triceps)

Ⅶ. 실내 또는 겨울철 훈련

▲ <사진 12> 애브도미널스(Abdominals)

▲ <사진 13> 하이퍼 익스텐션(Hyper Extension)

▲ <사진 14> 투암즈 트라이셉스(Two-Arms Triceps)

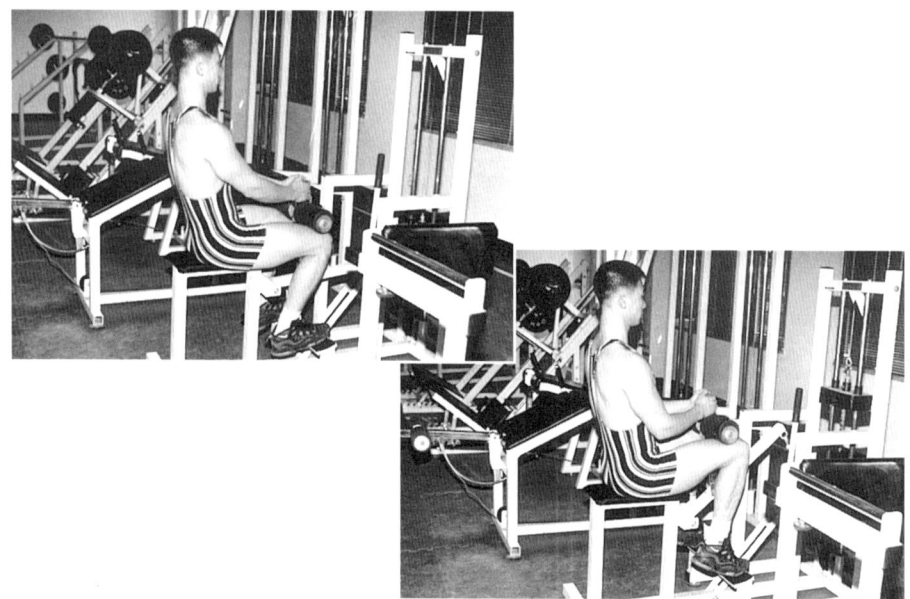

▲ <사진 15> 카프 레이즈(Calf Raises)

Ⅶ. 실내 또는 겨울철 훈련

4) 효과적인 근력운동 방법

근력운동을 통해서 최대의 효과를 얻으려면 철인경기에 필요한 근육을 본인이 판단하여 운동을 꾸준히 해야 한다. 지구력 경기에서 얼마나 많은 힘이 필요한가를 알아야 한다. 따라서 현재 본인의 상태를 파악하고 필요한 운동량을 다음과 같이 결정해야 한다.

① 근력운동을 일 주일에 며칠 해야 하나? 초보자라면 일 주일에 3~4일 운동하면 많은 효과를 얻을 수 있다. 그렇게 할 시간이 부족하다면 일 주일에 이틀도 충분하다. 초보자가 아닌 선수는 개인 차이에 따라 3~5일 운동할 수 있다.

② 한 운동에 몇 세트씩 해야 하나? 앞의 표에 제시된 대로 이행하면 된다. 운동에 따라 반복 횟수가 다르다. 앞에 제시된 표는 경기 전을 기준으로 작성된 것이고, 나머지 시즌은 반복 횟수를 줄여도 된다.

③ 얼마나 많은 중량을 해야 하나? 개인 차이에 따라 다른데 주로 체중, 운동 정도, 경험에 의한다. 초보자라면 중량을 증가하지 말고 하는 것이 좋다. 예를 들어 바벨운동이라면 바만 들고 하는 것이 좋다. 그 다음 약간 힘들 정도가 될 때까지 중량을 증가시키면 된다. 일 주일 내에 근육에 무리가 가지 않는 자신만의 무게를 알게 된다.

④ 철인경기에는 얼마만큼의 힘이 필요한가? 단거리를 위한 운동이 아니라 적절하게 긴 시간 동안 경기에 임해야 한다. 따라서 근력운동을 이에 맞춰 하는 것이 좋다. 본인의 유산소 지구력과 무산소(anaerobic) 시의 힘을 균형 있게 분배하는 것이 필요하다.

근력운동을 보다 효과적으로 하기 위해서 다음과 같이 개별적으로 훈련 기록표를 작성하여 기록하며 훈련하는 것이 필요하다.

날짜/요일	운동 종류	세트수	반복 횟수	내용	무게	비고
2/4 (목)	Bench Press	5	10-15-14-13-10	warm-up 1회 같은 무게 3회 좁게 잡고 1회	60kg 100kg 70kg	4번째 세트를 겨우 했음

2. 실내 훈련방법 [48]

실내에서 자전거를 타는 것은 야외에서 타는 것보다 효과를 기대할 수는 없다. 하지만 그나마도 하지 않는 것보다는 훨씬 효과적일 것이다. 다음은 실내에서 할 수 있는 운동방법을 제시하고 있다.

1) 유산소 기본 훈련

유산소 기본을 건물의 기초를 닦듯이 다져라. 겨울철 동안 잘 훈련된 기본의 강도와 범위는 그 시즌에서 성공이냐 실패냐 결정하게 된다. 대부분의 기본 훈련계획은 한 해를 다음과 같이 유산소 기초훈련, 근력과 지구력 훈련, 속도훈련, 경기훈련 및 회복기 훈련으로 구분한다. 많은 선수들은 유산소 기본 훈련을 아침식사를 거르듯이 그냥 넘어가는 우를 범하는 경우가 많다. 이 훈련을 거르게 되면, 뛰는 데 필요한 힘이 부족하게 되어 경기를 포기하게 될 수도 있다. 부상당할 우려도 있는데, 유산소 기본 훈련은 훈련이나 경기 중 받는 충격을 흡수할 수 있는 근력을 강화시킨다. 유산소 기본 훈련은 주중 대

---

[48] 자료 : Murphy, T.J., "Tool Kit for the Great Indoors," Triathlete, November, 1998, p.30

… VII. 실내 또는 겨울철 훈련

부분을 심박수 130~150 사이에서 하는 것이 좋다. 12주에서 15주까지 훈련결과가 좋으면 심장혈관 체계가 그 훈련에 적응되어 늦봄이나 여름에 있을 경기에 좋은 결과를 기대할 수 있다.

2) 정확한 목표의 설정

실내 훈련의 단점으로는 주변의 방해를 들 수 있다. 실내자전거를 타면서 TV를 시청할 수 있고, 여러 가지 잡다한 일이 주변에 있기 때문에 지속적으로 훈련을 하기 어렵다. 그러나 정확한 목표를 설정하여 그 목표까지는 어떠한 방해가 있더라도 지켜야 한다. 설정될 목표는 그 시즌을 어떻게 대비할 것인가를 정하고, 그에 따른 파워를 기를 수 있어야 한다. 그 예로는 유산소 운동을 위한 기본을 구축하고, 목표로 하는 경쟁 선수의 사진을 붙여놓는 방법도 있다.

3) 체육관 이용

집 안에서 훈련하는 것은 편한 점이 있지만 같이 훈련할 수 있는 사람이 없다는 것이 흠이다. 따라서 겨울철만이라도 가까운 체육관에 회원으로 가입하여 함께 훈련할 수 있는 동호인을 갖는다는 것이 중요하다. 특히 인근에 철인경기클럽 같은 것이 있다면 그 클럽에 가입하는 것이 효과적이다. 요즘 클럽의 훈련 내용은 수영뿐만 아니라 러닝머신과 실내자전거 교육까지 같이 하고 있다.

4) 비디오 활용

겨울철 실내훈련에 흥미를 더할 수 있는 것은 훈련 비디오를 활용하는 것이다. 실내에서 훈련할 때는 좋아하는 음악을 틀어놓고 하는 것도 좋은 방법이다. 요즘은 바퀴 밑에 롤러를 부착한 후, 컴퓨터나 TV에 연결하여 실제 훈련과 유사한 경기를 할 수 있도록 하는 소프트웨어가 개발되어 시판되고 있다. 소프트웨어의 가격이 비싸고 롤러까지 구입해야 하는 부담은 있지만 겨울철 훈련으로 좋은 것만은 틀림없다.

5) 다양한 훈련

물론 철인경기는 여러 종목을 하는 운동이다. 그러나 겨울철은 그 경기의 범주에서 벗어나 유산소와 근력강화의 기초를 배가할 수 있는 시기이기도 하다. 실내암벽을 오르거나 킥복싱이나 라켓볼, 스포츠 댄스, 여러 가지 공놀이 등도 할 수 있다. 물론 크로스컨트리 스키, 스노보드, 스케이팅 등 야외운동도 가능하다. 흥미를 느끼고 심박수를 증가시킬 수 있다면 상관없다.

6) 파워의 배양

세계철인3종경기에서 여섯 차례나 우승한 데이브 스콧(Dave Scott)은 근력운동의 중요성을, 부상을 방지하고 고비를 넘길 수 있는 좋은 방안이라고 강조한다. 근력운동과 점프 및 유연성을 기르는 체조 등이 비결이라고 한다. 앞서 언급한 바와 같이 근력과 파워 훈련은 철인경기에서 발생할 수 있는 중요한 문제점을 해결할 수 있는 방안이다. 예를 들어 사이클에서 마라톤으로 전환할 때 고비를 넘을 수 있다. 근력운동은 또한 신체를 건강하게 보이게 한다.

3. 트레드밀과 실내자전거

1) 트레드밀(Treadmill)[49]

흔히 러닝머신이라고도 한다. 추운 겨울철에 이 기계만큼 유산소 능력을 배양하기에 좋은 기계는 없다.

가정용으로 시판되는 러닝머신은 가격대가 약 100만 원 내외인데 몇 가지 문제점이 있다. 모터의 용량이 크지 않기 때문에 체중이 많이 나가는 사람은 이용할 수 없고, 많이 사용하게 되면 소음이 심하고 고무판이 늘어지게 된다.

따라서 가정용보다는 헬스클럽에 비치된 러닝머신을 이용하는 것이 유산소 능력을 배양하기에, 특히 철인경기에 필요한 지구력을 키울 수 있다.

이러한 기계는 속도와 기울기를 자유자재로 변화시킬 수 있고, 이미 내장된 프로그램을 이용할 수도 있다.

---

49) 자료 : htt://marathon.chousun.com/class/treadmill.html(조선일보 마라톤 교실)

이외에도 운동하는 사람의 심박수를 측정하여 화면에 나타내는 기능이 내장된 고급형도 있어 심박수를 이용한 훈련도 겸할 수 있다.

다음은 조선일보 마라톤 교실에서 제안하고 있는 트레드밀을 이용한 훈련법을 소개하고자 한다. 훈련방법은 4가지를 제시하고 있는데, 주의할 점은 4가지 중 일 주일에 2가지 이상을 하지 말아야 하며, 나머지 날은 편하게 뛰어야 한다는 것과 기울기를 1도 정도 맞추고 훈련하면 실외에서 느끼는 공기저항과 동일한 효과를 누릴 수 있다는 것이다. 또한 속도는 실외에서 뛰는 속도와 비슷하게 조절하며 훈련하는 것이 좋다. 4가지 훈련방법은 다음과 같다.

① 스피드 훈련

10분을 가볍게 달린 후 최근의 5km 최고기록보다 1km당 12초 정도 더 빠르게 속도를 맞춘다. 즉, 최근 5km 최고기록이 30분이었다면 km당 6분이고, 러닝머신의 속도를 km당 5분 48초 정도로 맞추라는 것이다. 이 속도로 각 3분씩 3회 반복하고 그 사이에 3분은 천천히 한다. 그 후에는 5분간 가벼운 조깅을 하고 다시 5분은 가볍게 달리면서 몸을 식힌다.

② 진도 나가기

10분 동안의 준비운동을 한 후 러닝머신을 최근 5km 최고기록보다 1km당 9초 정도 더 빠르게 속도를 맞춘다. 이 속도가 다음 5km 대회에서 목표가 되어야 한다. 이 속도로 쉬지 않고 5분을 뛴다. 10분 내지 20분의 가벼운 달리기로 몸을 식히면서 이 훈련을 마쳐야 한다. 앞으로 10주간 매주 이 훈련을 반복한다. 그리고 매주마다 1분씩 훈련시간을 늘린다. 10주 후면 15분간 뛰게 될 것이며, 이 페이스로 5km 대회에 임할 수 있다.

③ 실내에서 언덕 훈련

10분간 준비운동을 한 후에 러닝머신의 속도를 마라톤 페이스로 맞춘다. 마라톤을 뛴 경험이 없으면 10km 기록에 4.65를 곱한다. 기울기를 1도에 맞춘 후 마라톤 페이스로 2분을 뛰고 다시 2도로 올린 후 2분을 뛴다. 다시 1도로 되돌아와 2분을 뛰고 3도로 올려 2분을 뛴다. 이런 식으로 계속 진행한다. 매번 2분 훈련하고 7도에 이르기까지 단계를 높인다. 즉, 기울기의 조

VII. 실내 또는 겨울철 훈련

합은 1-2-1-3-1-4-1-5-1-6-1-7이 될 것이다. 7도에 이르기 전에 한계를 느끼면 무리하지 말고 중간에 멈춰야 한다. 이 훈련을 여러 번 반복하면 언덕을 오를 수 있는 능력을 배양하게 된다. 8분 내지 10분간 마무리운동으로 이 훈련을 마친다.

④ **10-4 훈련**

10분간 준비운동으로 이 훈련을 시작한다. 현재 10km의 페이스로 10분간 뛴다. 그리고 매우 천천히 4분을 뛰면서 회복한다. 다시 10km의 페이스로 10분간 천천히 뛴다. 그 다음은 10분간 편한 조깅으로 몸을 식히면서 이 훈련을 마무리한다.

2) 실내자전거(Stationary Bike)

실내자전거는 또다른 유산소 운동을 할 수 있는 도구이다. 트레드밀과 같이 운동하는 사람의 심박수를 측정할 수 있는 고급형도 많이 보급되어 있다. 고급형이 아닌 일반형이라도 최소한 분당 회전수(rpm)는 알 수 있기 때문에 겨울철에 유산소 능력과 대퇴사두근(quadriceps)을 강화시키기에 좋다. 안장의 위치와 자세는 가능하면 사이클에 탑승한 자세를 취하는 것도 허리를 강화시키기 위한 좋은 운동방법이다.

▲ 세계철인3종경기에 참가한 저자의 사이클 역주 모습('98, Hawaii)

Ⅷ. 경기요령 및 장비

　경기에 임하기 전에 나름대로 많은 경험이 있는 선수들은 경기에 필요한 모든 것을 꼼꼼히 챙겨서, 경기하는 데 전혀 지장이 없도록 한다.
　하지만 경험이 없거나 조금 있는 선수들은 필요한 것이 없거나 쓸데없이 많이 준비하는 경우도 비일비재하다. 또한 경기 중에는 선수들이 당황하기 때문에 자신의 페이스보다 무리를 할 가능성도 많다. 하지만 철인경기는 장시간의 지구력 운동이기 때문에 일부 엘리트 선수들을 제외하고는 급히 서두를 필요가 없다. 본 장에서는 경기 당일에 준비하여야 할 품목과 경기 중 시간대별로 주의사항 및 사이클의 부품 효과에 대하여 설명하고, 겨울철에 사이클의 정비에 관한 것을 다룬다. 경기 후의 회복 역시 매우 중요한 부분으로서, 철인경기에 임하는 선수가 빼놓을 수 없는 사항이다. 마지막으로 철인경기에 필요한 장비에 대하여 소개하고 있다.

1. 경기 당일 준비물

1) 수영 관련

- 수영복
- 웨트 슈트와 웨트 슈트 백
- 고글(goggle)
- 수영모(보통 경기 주최측에서 준비함)
- 선크림
- 수건과 발에 있는 모래를 씻어낼 용기
- 바셀린(슈트를 입는 경우 목 뒤와 양쪽 겨드랑이에 바른다. 어떤 이는 목 뒤에 파스를 붙이기도 한다)

2) 사이클 관련

- 사이클
- 헬멧
- 사이클복 하의
- 사이클화(필요한 경우 베이비 파우더를 미리 뿌려놓는다)
- 셔츠(상의)
- 사이클 장갑
- 바셀린
- 선글라스
- 펌프
- 물병
- 각종 공구
- 예비 타이어

- 로크(Lock)[50]

3) 마라톤 관련

- 신발
- 양말
- 반바지
- 상의 및 경기번호(핀도 같이)
- 모자
- 선글라스
- 바셀린(양 겨드랑이와 사타구니 밑 허벅지살이 맞닿는 부분에 바를 필요가 있다)

2. 경기요령

1) 아침식사

경기 당일 아침식사에 대해서 걱정하지 않는 선수는 없을 것이다. 경험이 많은 선수라도 매번 경기 때마다 아침식사를 어떤 것으로 어느 정도 할까 하고 고민을 하게 된다. 워낙 이른 시간에 경기를 시작하기 때문에 많이 먹을 수도 없고 전혀 먹지 않으면 장시간 동안 지구력 경기를 해야 하는 선수들은 견딜 수 없을 것이다. 경기 시작 네 시간 전이라면 700~800kcal의 많은 양의 식사가 가능하지만 경기 시작 한 시간 전이라면 300~400kcal의 가

---

[50] 사이클을 묶는 데 필요.

벼운 식사로 대치해야 한다.

　탄수화물이 함유된 음식을 경기 시작 수 시간 전에 섭취하는 것은 간과 근육에 글리코겐을 축적하기 때문에 긴 시간 동안의 지구력 경기를 가능하게 한다. 하지만 아침식사는 지방이 함유된 음식을 피하는 것이 좋다. 지방이 함유된 음식은 소화가 잘 안 될 뿐더러 몸이 무겁게 느껴질 우려가 있기 때문이다. 또한 섬유질이 많은 음식은 경기 중 화장실에 가게 할 수 있고, 콩이나 양파와 같은 음식은 가스를 배출하기 때문에 속이 거북할 수 있으며, 짠 음식은 많은 수분을 필요로 하기 때문에 속이 거북할 수 있다.

　최근 전문잡지[51])에 게재된 내용을 요약하면 다음과 같은데, 국내선수들의 입맛에 맞을지는 의문이다. 많은 국내선수들은 경기 당일 아침식사는 소화가 잘 되고 위에 부담이 가지 않는 잣죽이나 인절미 등으로 대신하고 있다. 또한 미숫가루를 탄 꿀물을 마시거나 오트밀 등으로 대신하는 선수들이 많다. 하지만 도너츠 등은 기름기가 있어 경기 시작 전의 아침식사로는 적당하지 않다. 결론적으로 탄수화물을 많이 함유하고 소화가 잘 되는 것으로 선택하는 것이 좋다.

① **경기 한 시간 전**

　　잼을 바른 빵 두 조각과 1% 유지방의 우유 한 컵(8온스)

② **경기 두세 시간 전**

　　잼을 바른 머핀 한 개와 반 컵의 1% 유지방의 요구르트

③ **경기 네 시간 전**

　　한 컵 반의 오트밀과 바나나 및 1% 유지방의 우유 한 컵, 오렌지 주스 한 컵, 잼을 바른 베이글 한 조각

④ **경기 두 시간 전(액체)**

　　1% 유지방의 우유 한 컵, 반 컵의 무지방 분유, 반 컵의 요구르트, 초콜릿

---

51) 자료 : Coleman, E., "The Power Breakfast," Triathlete, April 1999, p.78

맥아분유(맥아와 향료를 섞어 만든 분유)

2) 경기 전

　모든 선수들이 할 수 있는 것은 이미 다 했다. 아인슈타인은 기대와 두려움은 동시에 같이 오지 않는다고 했다. 큰 경기를 앞두고 잠자리에 쉽게 들 수는 없지만 경기 전 이틀 밤은 푹 자두는 것이 좋다. 경기 당일은 경기 시작 2시간 전에 서서히 일어나서 뜨거운 물에 샤워를 하는 것이 좋다. 샤워는 혈액순환에 좋고 피부를 따뜻하게 하며, 신진대사를 가속시킨다.
　각 바꿈터에서 필요한 것을 다시 한 번 확인할 필요가 있다. 수영에서 사이클로 전환할 때 수영이 끝나고 나면 대부분 목이 마르고 물을 마시게 된다. 따라서 음료수를 준비하고 마실 수 있게끔 마개를 따놓는 것이 좋다. 깨끗한 물과 수건도 준비하여 발에 묻은 모래를 닦아낼 수 있어야 한다.
　사이클화 안에 미리 베이비 파우더를 뿌려서 발이 쉽게 들어갈 수 있게 하는 방법도 있고, 구둣주걱을 신발에 미리 꽂아놓는 방법도 있다. 가급적이면 양말을 신고 사이클을 타는 것이 좋다. 경기거리가 짧으면 신지 않아도 상관없으나 긴 경기는 발에 물집이 잡히지 않도록 신어야 한다.
　경기 전에 과식하지 말아야 한다. 이미 필요한 글리코겐은 몸에 축적되어 있고, 경기 중에도 축적할 기회가 있다. 과식하게 되면 인슐린이 분비되어 혈당치가 크게 변하게 된다. 조금 먹되 소화가 잘 되는 것으로 한다. 또한 당분이나 과일주스는 많이 섭취하지 않도록 한다. 혈당치가 정상을 유지해야 하기 때문이다. 단것은 해롭지는 않으나 췌장으로부터 인슐린이 더 분비되어 혈액의 글루코스를 제거하기 때문이다.
　경기 시작 1시간 내에는 아무것도 먹지 말아야 한다. 그 시기에 먹게 되면 인슐린이 분비되기 때문이다. 만약 짧은 거리의 경기에 참가한다면 아무것도 먹지 않아도 몸 안에 축적된 글리코겐으로 충분히 경기를 치를 수 있다.

3) 출발 전

출발 전에 여기저기서 기도하는 선수, 타이어를 점검하거나 백을 챙기거나 선크림을 바르는 선수가 눈에 띄게 된다. 사이클에 필요한 백과 마라톤에 필요한 백을 챙겨야 한다.[52]

긴장을 풀기 위해서 코스를 다시 한 번 확인하고 농담을 주고받기는 하나, 실제로는 그렇게 쉽지 않다. 출발 전에 20~30분 가볍게 몸을 푸는 것이 좋다. 몸을 풀지 않고 바로 경기에 임하면 젖산이 축적될 수 있기 때문이다.

준비운동으로는 사이클을 10~15분 정도 가볍게 타거나 2km 정도 천천히 뛰거나 몸이 풀릴 정도의 수영도 괜찮다. 하지만 물의 온도가 차면 준비운동으로서 수영은 피하는 것이 좋다. 출발 1~2분 전에는 물에 몸을 담가서 온도에 적응시키는 것이 필요하고, 이때 숨을 너무 몰아쉬지 말고 가능한 한 크게 심호흡하는 것이 좋다. 물이 너무 차가울 때에는 경기가 시작되고 난 후 물에 들어가는 방안도 고려할 수 있다.

4) 수영

자연스럽게 위치를 잡지 않으면 많은 선수들이 한꺼번에 물에 뛰어들기 때문에 곤경에 처하게 된다. 경기가 시작되자마자 가장 중요한 것은 긴장을 풀어야 한다는 것이다. 물이 체온보다 낮기 때문에 손이나 발끝까지 혈액순환이 잘 안 될 우려가 있다.

물의 온도가 20° 안팎으로 낮을 경우 특히 더욱 그렇다. 이렇게 차가운 물에서 수영할 때는 팔이 물에서 나와 앞으로 들어가기 전에 손가락을 가볍게 흔들면 혈액순환을 다소 증진시킬 수 있다. 발차기는 사이클과 마라톤을 위해서 크게 하지 말아야 한다.

경우에 따라 영법을 바꾸는 것도 좋은 방법일 수 있다. 자유형에서 평영 또

---

52) 세계대회에서는 경기 전날 조직위원회에 미리 제출함.

Ⅷ. 경기요령 및 장비

는 배영으로 전환하면서 주변도 살피고 팔과 어깨에 쉴 틈을 주자는 것이다.

드레프팅(drafting)은 반칙이 아니기에 경험이 많은 선수일수록 다른 선수들을 뒤따라간다. 다른 선수의 뒤를 따라가면 흐르는 물에서 수영하는 효과와 머리를 들고 목표를 확인하지 않아도 되기 때문에 약 20~30%의 에너지를 절약할 수 있다. 하지만 그렇게 할 경우 단점으로는 선두에서 수영하는 선수의 속도가 자신의 속도와 다를 때 나타난다. 선두가 자신보다 빠르면 뒤따라가다 피로가 빨리 누적될 수 있고, 느리면 자신의 속도도 늦게 된다. 또한 선두가 코스를 벗어날 경우에 대비하여 가끔은 목표를 직접 확인해야 한다.

5) 바꿈터(수영 ➡ 사이클)

시간은 수영을 끝내고 웨트 슈트를 벗을 때부터 시작된다. 물에서 천천히 나오면서 팔을 가볍게 흔들고 목운동도 하는 것이 좋다. 경기번호가 붙어 있는 상의를 걸치고 시간을 절약하기 위해 나중에 제대로 입는다.

해안에서 사이클까지 뛰는 것은 곤혹스럽기 때문에, 제대로 찾기는 어렵겠지만 샌들이나 예비로 신발을 준비하는 것이 좋다. 물과 수건을 갖고 앉을 곳을 찾아서 발을 닦는 것이 필요하다.

두 바꿈터에서 필요한 모든 것을 순서대로 가지런히 정리해 두는 것이 좋다. 남자의 경우 수영복을 입고 그대로 사이클을 타는 선수는 허리끈을 약간 풀어서 호흡과 혈액순환이 이상이 없도록 해야 한다.

6) 사이클

사이클로 전환하자마자 기어는 낮은 곳에 놓고 처음 100m는 분당 회전수 75~85회 정도가 적당하다. 그 이유는 다리근육에 원활한 혈액공급을 하기 위해 어느 정도의 시간이 필요하기 때문이다. 경험에 의하면 평지인 경우 앞기어는 낮은 곳에, 뒷기어는 3단 또는 그 이하가 적당한 것 같다. 하지만 처음부터 오르막이라면 가장 낮은 기어를 선택해야 한다. 안장에 앉아서 리듬을 찾은 다음 일어서서 장딴지와 아킬레스건을 스트레칭하는 방법도 있다. 그 후에 코스에 맞게 기어 변속을 해서 정상적인 속도를 유지하도록 한다.

사이클 경기시간은 제일 길기 때문에 공기저항을 덜 받게 하는 것이 필수적이다. 항상 페달링하는 것을 점검하고 가장 적절한 심박수를 유지하도록 노력한다. 에어로 바를 장착하지 않으면 바람의 저항을 피할 수 없다. 허리에 통증이 와서 긴 시간 동안 구부린 자세로 있을 수 없어 자주 허리를 펴게 되는데, 평소에 허리운동을 많이 하면 이러한 통증을 크게 줄일 수 있다.

보통 선수들은 언덕길의 오르막에서 허리를 펴고 영양분을 몸에 공급하기 위해 물과 음식을 공급하는데, 엘리트 선수들은 필요한 경우 오르막 전에서 물이나 음식을 먹고, 오르막에 이르기 직전에 댄싱을 하며 가속을 시작하여 내리막을 빠른 속도로 내려간다. 그 차이는 10~15초 정도가 되며, 언덕에 오르고 난 후에는 가속하기가 더 힘들고 시원한 바람이 적어서 탈수가 더 심하기 때문이라고 한다.

오랜 시간 동안 사이클을 타게 되면 발은 사이클화 안에서 꼭 낀 상태로 수축되어 있게 된다. 그 상황에서 바로 마라톤으로 전환하면 충격을 그대로 받게 된다. 따라서 그 충격을 최소화하려면 사이클이 끝날 무렵 발가락을 움직여서 혈액순환이 잘 되게 하고, 발목도 회전운동에서 가끔 좌우로 틀어 주는 운동이 필요하다.

7) 바꿈터(사이클 ➡ 마라톤)

바꿈터로 들어오면서 사이클을 타고 있는 동안은 헬멧을 벗지 말고, 다리를 스트레칭하면서 사이클화와 장갑을 벗으면서 다음에 해야 할 것을 생각한다. 어떤 경우는 연습할 때 전혀 생각지도 않았던, 양말을 신지 않고 신발을 신게 되기도 한다. 미리 신발에 베이비 파우더를 뿌려두는 것도 좋다. 햇빛이 강하게 비치면 챙이 있는 모자를 물에 흠뻑 적신다. 깨끗한 선글라스도 준비한다. 팔과

VIII. 경기요령 및 장비

상의 또는 표피가 스쳐 상처나는 것을 방지하기 위해서 겨드랑이 사이에 바셀린을 바른다. 물을 한 번 더 마시고 출발한다.

8) 마라톤

경기 중 마라톤을 출발할 때가 가장 힘들다. 사이클에서는 주로 대퇴사두근을 이용하고 마라톤은 대퇴이두근을 사용하기 때문이다. 사이클에서 마라톤으로 전환하고 첫 1km는 이와 같은 근육이 적응되지 않아 근육 통증이 있게 마련이다. 이때 주법은 다리를 많이 들지 않고 보폭은 짧게 이동하며, 천천히 가면서 속도를 점차 높여 간다. 정상적인 속도가 된 후에도 다리를 높이 들지 말고, 짧은 보폭을 빠르게 이동하는 것이 효과적이다. 여기서 집중력이 매우 필요하다. 팔은 제대로 흔들고 있나? 전체적인 자세는 어떤가? 심폐기능은 정상인가? 마라톤의 반을 정상적으로 뛰었다면 나머지 반은 충분히 완주할 수 있다.

9) 경기 후

골인지점을 통과한 후에도 3～5분 정도는 몸을 움직이는 것이 좋다. 팔과 다리를 천천히 흔들면서 축적된 젖산을 제거한 후 마사지를 받을 수 있으면 더 좋다. 경기가 끝나면 탄수화물과 단백질을 충분히 섭취하고 수분을 보충해서 혈당치를 정상적으로 환원시켜야 한다. 한 가지 중요한 것은 몸을 따듯하게 유지하는 것이다. 경기가 끝나면 체온이 갑자기 떨어지게 되는데, 이때 옷이나 담요 또는 큰 수건으로 몸을 싸서 체온을 유지시키는 것이 필요하다.

3. 사이클 부품의 효과 [53]

철인경기를 위해서 새 사이클을 사려고 할 때 가장 많이 접하는 3가지 질문은 다음과 같다.

① 공기저항을 줄인 사이클과 가벼운 사이클 중 어떤 것이 좋을까?
② 바퀴는 650c와 700c 중 어떤 크기가 빠를까?
③ 클린처(clincher) 튜브와 튜블러(tubular) 튜브 중 어떤 것이 좋은가?

1) 무게와 공기저항의 감소 효과

수년 전부터 에어로 프레임은 훨씬 가벼워졌고, 경량화된 프레임은 공기저항을 더 줄일 수 있다. 에어로 프레임은 가격도 저렴해졌다. 대부분의 에어로 프레임의 무게는 포크(forks)를 제외하면 3파운드(1.35kg) 정도가 되고, 그 이하도 있다. 대부분의 경량화된 프레임도 이제는 2~3파운드(0.9~1.35kg)에 불과하다. 다른 말로 표현하면 에어로와 경량화는 거의 차이가 없다. 그러나 극단적인 경우이지만 튜브가 둥글면서도 2파운드(0.9kg) 프레임이 있고, 6파운드(2.7kg) 무게의 에어로 프레임도 존재한다. 대부분의 유명상표에서는 현재 에어로, 즉 공기저항을 줄인 제품을 시판하고 있다.

무게를 줄이는 것은 중요하다. 3파운드를 줄이는 것은 6마일(10km) 거리의 언덕에 표고차가 700피드(212m)인 언덕을 주행하는 경우 약 1분의 시간을 줄일 수 있다. 구동저항을 고려할 때 타이어와 지면과의 마찰은 무게가 중요한 변수가 된다. 10파운드(4.5kg)의 무게를 줄이면(5파운드는 몸무게, 나머지 5파운드는 사이클 무게) 평탄한 곳에서 40km를 주행하는 경우 15초를 줄일 수 있다.

---

53) Turner, C.V., "Answers to the Three Toughest Questions When Choosing a TriBike," Triathlete, October 1988, p.86

Ⅷ. 경기요령 및 장비

사이클의 공기저항을 감소시키는 것은 그 다음으로 중요한 사안이다. 앞바퀴는 에어로 림을, 뒷바퀴는 디스크 휠을 장착하고 에어로 프레임으로 된 사이클은 일반 자전거보다 공기저항을 770g까지 줄일 수 있다. 이 말은 30mph (48 km/h)의 속도로 25마일(40km)을 주행하면 4분까지 차이가 난다는 것을 의미한다. 탑승자세를 최적화하면 일반 탑승자세보다도 11분이나 줄일 수 있다. 따라서 철인경기에서 1시간의 차이는 쉽게 벌어질 수 있다. 경제적인 여건이 허락되면 가볍고 에어로 프레임으로 된 사이클을 구입하는 것이 좋다. 경제적인 여건이 허락되지 않은 상황에서 거리가 짧고 언덕이 많은 코스에 출전하려면 경량화된 사이클을 구입하고, 거리가 길고 평탄한 코스에는 에어로 프레임으로 된 사이클을 구입하는 것이 유리하다. 경기 코스에 대한 표고차를 알고 있다면 사이클의 무게와 에어로 프레임에 대한 적절한 비율로 구성하는 것도 바람직하다.

저항 부위	백분율
구동저항	5%
바퀴저항	10%
사이클 차체 저항	21%
탑승자 저항	64%

2) 650c(26인치)와 700c(27인치) 바퀴

24인치 바퀴도 있지만 수요가 매우 적기 때문에 비교하지 않기로 한다. 한 가지 확실한 것은 신장이 180cm 이하인 선수는 가속과 언덕길의 차이를 느끼기 위해서 바퀴 크기가 650c인 것을 타야 한다. 최근에는 650c를 장착한 사이클이 철인경기에서 혜성처럼 대중화되고 있다. 1992년에 15%도 안 되는 선수들이 650c 바퀴를 장착했었다. 하지만 오늘날은 철인경기에 참가한 선수 중 반 이상이 650c 바퀴를 쓰고 있고, 새 사이클의 90%가 650c 바퀴로 판매되고 있다.

지난 100년 이상 사이클 선수들은 그들의 바퀴에서 림(rim), 타이어, 스포크(spoke)와 심지어는 마개(nipple)의 무게까지도 줄이려고 애써 왔다. 이러한 부속품이 가벼울수록 바퀴는 빠르게 굴러간다. 이는 무게가 적을수록 가속하기 쉽고 구동저항도 적으며, 곡선부에서 감속하는 데도 무게가 적은 것이 유리하기 때문이다. 알루미늄 마개(nipple), 티타늄 스포크, 초경량의 타이어와 튜브, 튜브와 림의 제거 등으로 무게를 줄이려고 노력해 왔다.

700c 바퀴를 650c 바퀴로 바꾸면 200g 정도 줄일 수 있다. 승차감은 매우 다르다. 650c 바퀴를 장착한 사이클은 언덕에서 그레이하운드(고속버스)를 타는 기분이고, 곡선부를 빠져 나갈 때는 가속이 필요하다. 위와 같이 2개의 바퀴 크기에 대한 차이는 크지 않다. 다음은 그 두 바퀴에 대한 기본적인 선택 방법을 제시한다.

① 신장이 작은 경우

신장이 167cm보다 작은 선수는 700c 바퀴를 장착할 경우 체중을 앞바퀴에 실을 수 없다.

② 경기 코스에 언덕길이 많은 경우

오르막에서 650c 바퀴가 유리하다.

③ 신장이 크고 코스가 평지인 경우

신장이 180cm 이상이고 경기 코스에 언덕길이 많지 않다면 700c 바퀴가 유리하다.

650c 바퀴의 타이어와 튜브의 구입 가능성은 더 이상 문제될 것이 없다. 튜브는 부틸 합성고무나 경량 고무제품이 가능하고, 클린처나 튜블러 형태의 19mm에서 23mm까지 다양하게 고를 수 있다. 튜브 역시 밸브가 긴 것도 구입 가능하다. 따라서 대부분의 에어로 휠에서 더 이상 밸브 연장기(valve extender)가 필요 없다.

3) 클린처(Clincher)와 튜블러(Tubular) 타이어

타이어의 선택은 뜨거운 감자이다. 그러나 프로에겐 예외이다. 많은 프로선수들은 클린처[54]보다는 튜블러 타이어[55]를 쓰고 있다. 클린처가 다소 값이 싸고 튜블러보다 제거와 설치가 용이하다. 클린처는 70g의 예비 타이어와 공구가 필요한데 반해, 노면의 굴곡(pothole)이 심한 곳에 부딪치면 림의 가장자리가 찌그러지거나 작은 구멍을 내게 되어 결국에는 공기가 빠져 나가 완전히 펑크난 타이어가 될 수 있다.

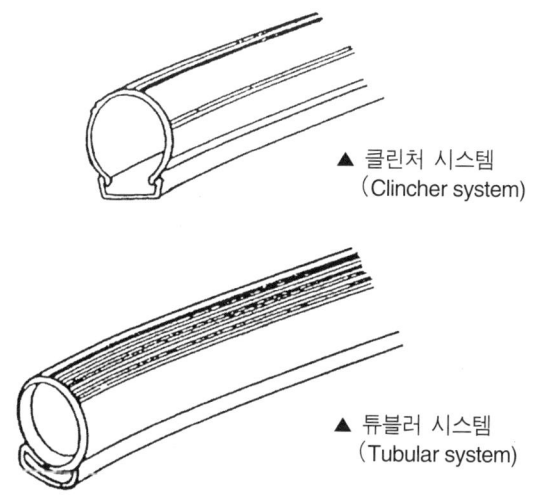

▲ 클린처 시스템
(Clincher system)

▲ 튜블러 시스템
(Tubular system)

반면에 튜블러 타이어는 림과 타이어에 접착제를 바르고 마를 때까지 기다린 다음 타이어를 림에 고정시켜야 한다. 실제로 말로 듣는 것보다는 쉽고, 타이어를 제거하기가 클린처보다 훨씬 편하다. 그러나 펑크날 것에 대비하여 예비 타이어를 준비해야 하는데, 무게가 230g이나 된다. 그럼, 누가 튜블러를 쓰겠느냐고 묻겠지만, 그 이유는 3가지이다. 펑크가 덜 나고 일반적으로 공기압이 높기 때문에 구

---

54) 타이어 안에 별도의 튜브가 있는 타이어.
55) 통타이어를 접착제로 림(rim)에 부착하는 형태의 타이어.

동저항이 적으며, 승차감이 좋기 때문이다. 이런 이유에서 훈련기간 중에는 튜블러 타이어를 많이 찾는다.

4. 겨울철 사이클의 정비 56)

사이클의 외형을 보면 구조가 간단한 것처럼 보이지만 실제로는 꽤 복잡한 기계적인 부품으로 구성되어 있다. 철인경기 선수들이 자신의 사이클을 제대로 정비하지 않고 경기에 임하게 되면 불의의 사고를 당할 수 있다. 겨울철은 사이클을 정비하고 정밀검사를 할 수 있는 좋은 시기이다.

註 56) 자료 : Turner, C.V., "Winter Bike Maintenance Overhaul," Triathlete, November 1998, p.60-61

Ⅷ. 경기요령 및 장비

1) 안장(Seating)

매년 겨울마다 안장은 프레임에서 분리해야 한다. 이때 안장 튜브에 테이프로 현재 위치를 표시해 두는 것이 좋다. 안장을 분리하지 않으면 안장 튜브가 얼어서 딱딱해지고, 그로 인해 프레임에 금이 가게 할 수도 있기 때문이다. 프레임 내부를 깨끗이 닦고 손가락을 이용하여 기름칠을 한다. 안장 레일에 금이 간 곳이 있는지 검사하고, 앉는 부분도 점검한다. 겨울철은 또한 안장을 보다 편안한 것이나 새로운 것으로 구입하는 시기이기도 하다. 지난 2년간 편안한 경기용 안장이 많이 개발되어 널리 보급되었다.

2) 조향장치(Steering)

많은 사고가 이 부분을 충분히 조이지 않아 발생하고 있기 때문에 스티어링의 정비는 매우 중요하다. 앞바퀴를 분리하고 포크(fork)를 잘 닦는다. 밝은 곳에서 포크를 검사하고 미세하게 금이 가지 않았는지도 점검한다. 특히, 림(rim)과 허브(hub)에 위치한 포크의 양쪽 끝단을 조심스럽게 검사해야 한다. 다음은 스템(stem)과 핸들 전체를 헤드 튜브에서 분리한다. 헤드 세트는 분리해서 잘 닦고 기름칠하여 다시 조립한다. 조립하기 전에 베어링 부분의 이상 유무도 점검한다. 헤드 세트를 너무 조이면 수명이 짧아질 수 있으므로 전문가로 하여금 이 부분을 조이게 하는 것이 좋다.

겨울철은, 품질이 좋고 충격을 흡수할 수 있는 것이나 코르크 테이프로 핸들 바 테이프를 교환해 주는 데 적절한 시기이기도 하다. 이때 색상은 안장 색깔과 일치하는 방안도 고려할 수 있다. 오래된 핸들 바를 몇 년씩 계속 사용하는 경우도 있는데, 핸들 바는 3년에서 5년마다 교환해야 한다. 핸들 바는 많은 힘을 받기 때문에 적절치 못한 조립이나 정비가 부실하면 볼트 구멍이 벗겨지고 금이 가게 된다.

겨울철은 또한 전문가로 하여금 공기저항을 덜 받는 자세를 익히는 계절이기도 하다. 더불어 스템에 금이 갔는지 여부도 점검해야 한다. 다시 조립하기 전에 내부에 기름을 칠하고, 모든 부품을 조립할 때 기름칠과 정해진 값만큼 토크(torque) 렌치로 조이는 것을 잊어서는 안 된다.

3) 제동장치

브레이크 패드가 반 이상 닳았거나 브레이크 케이블이 헐렁하거나 브레이크 캘리퍼스(calipers)에 이상이 있다면 브레이크에 대한 정밀검사가 필요하다. 매년 겨울마다 여러 줄의 가는 쇠줄로 구성되어 있는 브레이크를 제동이 잘 되도록 브레이크 케이블을 교환해 줘야 한다. 대부분의 캘리퍼스는 브레이크 패드의 교환이 가능하도록 되어 있다. 림이 카본으로 된 곳에 브레이크 패드가 닿아 있으면 그것만 전문적으로 다루는 곳에서 교환하는 것이 좋다.

모든 브레이크 케이블은 다시 겉선에 넣기 전에 기름칠이 되어야 한다. 겉선의 끝단에 이상이 있다면 교환해 줘야 한다. 에어로 브레이크 레버(levers)는 바 끝단을 꽉 조여 줘야 한다. 또한 케이블과 겉선은 길이가 충분하게 하여 운반시에도 바를 올려주고 스티어링이 구속되지 않도록 프레임의 외부로 나오게 해야 한다. 브레이크의 피벗(pivot) 볼트의 조임 상태를 점검하고, 스프링이 부러지지 않았나를 검사한다. 제동시 소리가 나면 전문점에서 토인(toe-in) 검사를 받거나 새로운 패드로 교환해 줘야 한다.

4) 뒷바퀴 축(Drive train)

이 부분은 전문가에 의해서 잘 관리되어야 한다. 기본적으로 바퀴를 분리한 후 벗겨진 곳이 없나를 검사하고 기름칠한 다음 조립한다. 보텀 브라켓(bottom bracket)과 헤드 세트(head set) 부분은 정비에 돈이 많이 들고, 정비에 필요한 지식이나 공구가 없기 때문에 정비를 게을리 하게 된다. 보텀 브라켓을 교환해야 될 경우에는 베어링이 봉인된 티타늄 보텀 브라켓으로 교환하는 것을 고려해 볼 만하다.

　반드시 체인은 겨울철마다 교환해 주고 시즌 내내 기름칠해야 한다. 체인의 정비를 게을리 할 경우에는 기어 변속이 잘 되지 않고 체인이 파손되기도 한다. 크랭크 볼트는 토크 렌치로 조절되어야 하고, 모든 체인링 볼트는 단단히 조여야 한다. 페달은 깨끗하게 하고 기름칠해야 한다. 많이 닳았다면 가벼운 플로팅(floating) 페달로 교환하는 것을 고려해 볼 만하다. 리어 코그 세트(rear cog set)를 깨끗이 하고, 교환하거나 다른 기어 비(gear ratio)로 바꿀 것인가를 결정한다. 650c 바퀴에서 톱니바퀴의 이(cog)가 가장 작은 것은 11이고 700c 바퀴에서는 11 또는 12이다. 허브(hub) 역시 분리한 뒤 청결히 해주고 기름칠과 벗겨진 부분이 있는가를 검사한다. 얼마나 분리가 잘 되는가를 검사하는 것을 잊지 말고, 의심이 나면 교환하는 것이 좋다.

5) 변속기(Shifting System)

　그립 시프트(Grip shift)[57] 변속기라면 변속기와 브레이크 레버가 같이 있거나, 바의 끝단에 변속기가 있어 교환하는 데 많은 시간이 소요된다. 이러한 형식은 시장성이 없어 부품을 구하기도 힘들다. 겨울마다 디레일러(derailer) 케이블을 교환해 주고 껍데기에 넣기 전에 기름칠을 반드시 하는 것을 잊지 말아야 한다. 디레일러의 피벗 시점을 깨끗이 하고 기름칠하며, 리어 디레일러(rear derailer)를 분해해서 청소하고 자키 휠 베어링(jockey wheel bearing)에도 기름칠한다.

---

57) 손잡이를 돌려서 기어를 변환하는 형식.

6) 바퀴

타이어에 금이 가거나 찢어진 것은 교환한다. 가볍고 라텍스(latex) 소재로 된 튜브로 교환할 것을 고려해 본다. 바퀴와 스포크를 조정한다. 사용하던 바퀴는 훈련용으로 사용하고, 새로운 것은 경기용으로 사용한다. 알루미늄 림에 금이 있는지를 검사한다. 카본 휠인 경우에는 가는 금이 있는지 여부를 점검한다.

7) 프레임 세트

이 부분은 가장 중요하고 일반인들이 점검하기 어려운 부분이다. 제품을 전문적으로 다루는 전문가에 의해서 점검받는 것이 좋다. 금이 있는지 여부를 검사하는 부분은 보텀 브라켓 쉘(bottom brackt shell), 럭(lugs), 헤드 세트(head set), 드롭 아웃(drop outs), 체인 스테이(chain stays), 시프터 보스(shifter bosses), 시트 포스트 크램(seat post clamp) 및 프레임이 다른 부분과 연결되는 부분 등이다. 금(crack)은 페인트 부분만 있을 수도 있고, 금속 부분까지 있을 수도 있다. 프레임에 금이 있다면 심각한 구조적인 문제가 된다. 항상 전문가로 하여금 점검하게 하는 것이 현명한 방법이다.

5. 철인경기 후의 회복 [58]

경기를 포기하지 않는 한 경기 후의 회복기도 계속되는 훈련과 같이 선수들에게는 매우 중요한 부분이다. 운동과학 분야의 연구결과에 따르면 지구력 경기를 마친 후 회복과정의 중요성을 이해하고 그 과정을 강조하고 있다. 회복기

---

[58] 자료 : Mickleborough, T., "Post-Ironman Recovery," October 1998, p.68-71

에 필요한 요소 중에서 식단은 가장 중요한 것으로 분류된다. 무엇을 먹고 마시는 것이 중요한 것이 아니라 언제 먹고 마시냐가 중요한 것이다. 지구력 경기를 마치고 난 후 선수들은 정확한 영양식단 계획이 수립되어야 보다 효과적으로 빠르게 회복할 수 있다. 그 과정은 몸에 축적되어 온 것을 분해하는 것부터 시작한다.

하와이 철인경기와 같은 상황은 이미 잘 소개되어 있지만 무더운 날씨 때문에 시간당 1 내지 2l의 땀을 흘릴 수 있다. 이렇게 되면 탈수가 될 수 있고 전해질 농도가 낮아져 근육에 글리코겐의 고갈로 이어진다. 더불어 근육 미세파열, 근육간 접착(adhesion), 근막(fascia)과 표피 또한 근육에 독소의 축적과 같은 근육손상은 경기 도중에 발생할 수 있다. 다음은 철인경기 후에 회복기에 필요한 사항을 기술하고 있다.

1) 체액의 회복과 전해질의 균형

경기 후에 체액을 보충하고 전해질의 균형을 회복하기 위해서는 몇 가지 질문에 봉착하게 된다.

① 경기 후에 얼마나 많이 마셔야 하나?
② 어떤 음료가 가장 좋은가?
③ 땀으로 손실된 전해질의 가장 좋은 보충 방법은?

철인경기가 끝난 후 체액의 균형을 회복하기 위해서 필요한 체액은 경기 중에 얼마나 많은 땀을 흘렸는지 또는 경기 중 흘린 땀을 얼마나 잘 보충했는지에 따라 500ml에서 5 l까지 다양하다.

탈수에서의 회복은 충분한 수분의 공급과 더불어 체액이 균형을 이룰 때까지 필요로 하는 충분한 시간도 염두에 두어야 한다. 탈수 정도에 따라 다르지만 최소 4시간부터 5시간까지 필요하다. 수분의 보충이 1 l 이상 필요한 경우에는 그 과정에 소요되는 시간은 몇 시간이 필요하다. 가능한 한 자주 많이 마시는 것이 좋다.

경기 후에도 휴대용 물통에 담아 가지고 다니면서 마실 수 있는 맛이 있는 청량음료가 좋다. 알코올이나 카페인 성분이 들어 있는 음료수는 충분한 수분이 보충되기 전까지 섭취하지 않는 것이 좋다. 이들 성분은 체액을 보충하는 것보다는 이뇨작용을 일으키기 때문이다.

최근의 연구결과에 의하면 체액의 손실이 많으면 수분을 보충하기 위한 음료수에 미량의 전해질만 있어도 수분의 보충은 급속하게 나타난다고 한다. 소금성분은 소장에서 물의 흡수를 촉진하고 혈액량이 보충되는 속도를 증가시킨다.[59]

경기를 끝낸 직후 등 수분의 급속한 보충이 필요할 때 스포츠 음료가 체액의 균형을 유지하는 데 가장 빠른 방법이다. 경기 후에 신체의 전해질 보충에 관한 것은 훈련 정도와 기후에 대한 적응이 땀의 양을 줄인다는 사실 등 복잡한 관계에 있다.

훈련이 잘 되어 있고, 기후에 적응한 선수는 시간당 1 l의 땀을 흘린다고 가정할 때 땀에서 소금성분이 시간당 1.8g 정도가 되고, 훈련이 잘 되어 있지 않고 기후에 적응이 되지 않은 선수는 시간당 3.5g의 소금성분을 배출한다고 한다. 정상적인 식단을 유지했던 선수들이 덥고 습한 상황에서 강도 높은 지구력 운동을 했을 때, 소금 부족으로 인한 증세는 아직까지 증명하지 못하고 있다. 따라서 수분을 공급하기 위한 음료에서 전해질의 존재는 전해질의 균형을 유지하는 것보다는 물의 흡수에 도움이 된다는 것이다.

2) 근육 글리코겐의 재충전

최근 연구결과는 운동선수가 강도 높은 훈련을 끝내자마자 탄수화물을 섭취하는 경우, 훈련을 끝내고 2시간 후에 섭취할 때보다 2배나 빠른 속도로 근육에

---

[59] 신체의 갈증과 소변의 배출 과정 등 복잡한 과정을 거침.

VIII. 경기요령 및 장비

글리코겐을 축적한다고 보고했다. 4시간 후가 되면 그 속도가 현저히 떨어지므로, 운동 후 2시간 이내가 근육에 글리코겐을 저장하기 위한 최적의 시간대로 나타났다.

오랜 시간 동안 운동을 한 후 30분에서 60분 사이에 50에서 100g의 탄수화물을 섭취하면 근육에 연료를 저장하는 과정이 빠르게 나타난다는 것이다. 50g의 탄수화물은 어디서 얻을 수 있을까? 이 양은 대부분의 750mℓ 스포츠음료나 500mℓ의 일반 음료수나 과일주스에 포함되어 있다. 스포츠 음료는 운동 후 회복기에 항상 좋은 음료수로서 수분과 탄수화물을 동시에 함유하고 있다. 고체로 된 음식에서 50g의 탄수화물은 바나나 큰 것 2개나 중간 그릇 정도의 시리얼에서 얻을 수 있다.

요령은 경기 후에 가능한 한 빨리 소모된 것을 보충하는 것이다. 빨리 보충하는 것은 음식이 당장 없을 수도 있기 때문에 연습이 항상 가능한 것은 아니고, 경기를 끝내자마자 먹고 싶은 의욕도 없을 수 있다. 따라서 보충하기 위한 계획은 경기를 끝내자마자 스포츠 음료와 같은 음료수로 보충하고, 그 다음에 고체로 된 음식과 음료수를 섭취하는 방안이 좋을 것이다. 이렇게 잘 계획된 방안을 강구하고 있다면 경기 후 회복기는 최적이 될 것이다.

경기 전과 후에 체중을 재서 체액의 손실량을 계산하되 1kg의 몸무게 감소는 1ℓ의 땀으로 흘린 것이라는 것을 명심해야 한다. 몸이 완전히 수분을 보충할 때까지 알코올이나 카페인이 함유된 것을 마시지 말아야 한다. 이 기간은 경기 후 5일까지 일 수도 있다. 경기 후 탄수화물의 섭취는 가능한 한 빨리 시작하고 20분 이내라면 더 좋다. 그 시간이면 소모된 것을 더 빨리 근육에 보충하기 때문이다.

회복기를 최적으로 보내기 위해서 철인경기 직후 1주일 동안 먹고 마시는 것은 경기 후 24시간 이내에 먹고 마시는 것만큼 중요하다. 경기 후 1주일 동안 몸에서는 빠른 속도로 단백질을 흡수한다. 따라서 이 기간 동안 손상된 근육과 조직을 재건하기 위해서 단백질의 보충은 매우 중요하다. 이 기간 동안 패스트푸드를 먹고 싶은 유혹에 빠질 수도 있으나, 과도한 양의 설탕이나 정제된 음식이나 튀긴 음식의 섭취는 피하는 것이 좋다. 이러한 음식은 회복기간을 늦추고 혈중 콜레스테롤을 높이며, 혈중 글루코오스의 농도를 낮추기 때문이다.

신선한 야채와 항산화제(비타민 C, E, 셀레늄 등) 및 탄수화물과 단백질을 충분히 섭취하는 것이 좋다. 최소한 1주일 동안은 충분한 수면을 취하고 몸에 해로운 음식을 섭취하기 전에 몸에 좋은 음식만을 취해야 한다.

3) 육체적 회복

하와이 철인경기와 같은 경기는 근육에 무리가 가는 결과를 가져온다. 어떤 연구에서는 근육의 손상은 근육에서 글리코겐과 지방의 손실 때문이라고 주장하는 반면 다른 연구에서는 근육의 손상은 운동근육 내에서 연결조직의 부상 때문이라고도 주장하고 있다. 원인이 어떤 것이든 경기 후 통증[60]은 개인마다 정도의 차이는 있지만 보통 있게 마련이다.

DOMS에 대해서 많은 연구가 있었지만 아직도 스포츠 의학의 미스터리로 남아 있다. 운동생리학자들은 원인을 아직 규명하지 못하고 있으며, 어떻게 방지할 수 있나 또는 얼마나 통증을 감소시킬 수 있는가에 대해서도 규명하지 못하고 있다.

휴식만이 통증을 감소시키는 것이 확실하고, 최근의 연구에서는 비타민 E와 C 그리고 과일과 야채에 함유되어 있는 베타카로틴(시금치, 당근 등에 함유되어 있음)을 포함한 항산화제가 근육에 산화력이 있는 손상에 대항한다고 발표했다.

4) 경기 후 주별 회복

경기가 끝난 후 일 주일은 가능한 한 푹 자는 것이 좋다. 뇌에 있는 뇌하수체는 자고 있는 동안 성장호르몬(hGH)[61]을 포함한 호르몬을 방출한다. 연구결과에서 hGH는 수면주기 중에서 초기에 방출하고 단백질 분해 작용은 감소한다고 한다. 이 기간 중에 전혀 운동을 하지 않는 것도 좋지 않다. 걷거나 30분

---

60) DOMS(Delayed Onset Muscle Soreness)라고 하며, 경기 후 10~12시간 사이에 느끼는 통증.
61) human Growth Hormone.

정도 자전거를 타거나 서서히 수영하면 심장을 강화시켜 회복기에 도움이 된다. 이는 또한 심장에서 손상된 근육으로의 혈액량을 증가시켜 손상된 부분으로 영양분과 단백질을 충분하게 공급하게 한다.

마찬가지로 마사지 역시 손상된 부분으로 순환을 촉진시키고 해독에 도움이 된다. 최근 연구결과는 강도 높은 경기를 마친 후 근육 통증을 느끼는 선수들은 전혀 운동하지 않고 휴식을 취하는 것보다 강도 낮은 운동을 하는 것이 더 효과적인 것으로 나타났다. 일 주일이 지나면 근육 통증이 사라지고 훈련을 다시 시작할 수 있는 것처럼 느껴진다. 그러나 통증이 없어진다고 해서 훈련을 다시 하라는 신호가 아닌 것을 알아야 한다.

경기 후 2주에서 4주까지의 훈련은 유산소 운동을 하되 강도가 낮아야 한다. 신체적 정신적 회복은 똑같이 중요하다. 적절하게 회복하면 다시 원기를 얻게 된다. 4주가 지나면 자기 나름대로 시간을 갖는 것이 좋다. 운동에서 벗어나 여행을 간다거나 다른 운동을 즐기고, 다가올 겨울훈련을 시작할 때 새롭게 시작할 수 있는 것이 좋다.

6. 장비의 선택

1) 신발

신발은 보통 러닝슈즈라고도 부르는데 가볍고 충격을 흡수하여 무릎과 발목 관절을 보호할 수 있는 것이라야 한다. 신발만 전문적으로 판매하는 매장에 가면 10만 원 이내에 살 수 있고, 일부 수입품은 18만 원짜리도 있다. 하지만 그런 수입품은 가볍기는 하나 밑창이 너무 얇아 장시간 경기를 해야 하는 철인 경기에서는 제대로 충격을 흡수할지는 의문이다. 특히 장년층이나 무릎이 좋지 않은 사람들이 이런 얇은 신발을 착용하고 경기에 임할 경우 큰 부상을 입을 염려가 있으므로, 반드시 충격을 흡수할 수 있는 신발을 착용해야 한다. 또 신발을 고를 때 발꿈치와 발가락이 편하게 움직일 수 있어야 한다. 서울의 경우

동대문 운동장 인근에 많은 전문점이 있어 여러 상점에서 자신의 발에 맞는 신발을 고를 수 있다.

마라톤화도 수명이 있다. 이 말은 신발의 충격흡수 기능이 어느 정도가 지나면 기능을 발휘하지 못한다는 말이다. 미국의 자료에 의하면 그 기능은 500~600마일 정도까지라고 한다. 가장 적합한 상태는 그 기능을 약 75% 이상 갖고 있으면서 착용하는 선수의 발에도 적응이 된 상태라야 한다. 산술적으로 25%의 기능이 떨어지는 시점은 125~150마일(200~240km) 정도를 사용한 시기가 된다. 따라서 자신의 연습량에 따라서 신발의 구입시기를 결정하면 된다. 만약 일 주일에 50km씩 연습하는 사람이라면 경기를 앞두고 4~5주 전에 구입하여 신발에 적응하면 된다.

사이클화는 국산이 없고 수입품을 구입해야 한다. 사이클화의 가격은 대략 10만 원에서 20만 원까지 다양하다. 대부분의 수입품은 사이클화의 볼이 좁기 때문에 발의 볼이 넓은 사람은 한 치수 더 큰 것을 고르거나 전문점의 조언을 받는 것이 좋다. 경기가 대부분 무더운 여름에 있기 때문에 발에 땀이나 뿌린 물이 사이클화에 고여 발이 붇거나 심지어는 물집까지 잡힐 수도 있다.[62] 이런 경우에 대비하여 사이클화의 밑에 배수를 위한 구멍이 있는 것을 구입하거나 베이비 파우더를 뿌려놓는 것도 하나의 요령이 될 수 있다.

2) 헬멧

헬멧은 사이클에 필수적인 장비이다. 경기 중에 착용할 수 있는 헬멧은 일단 품질보증기관(ANSI, SNELL)에서 인증된 것이라야 한다. 사이클에 탑승할 때는 반드시 헬멧을 착용해야 하는데, 국내에서는 아직도 착용율이 낮은 반면 미국과 유럽 등에서는 착용을 의무화하고 있다.

---

[62] 저자의 경우 하와이 경기에서 물집이 잡혀 마라톤할 때 매우 고생했음.

헬멧의 성분은 대부분 폴리스티렌으로 구성되어 있고, 사고 발생시 머리를 보호할 뿐더러 착용 여부에 따라 생명에도 관련이 있다. 이러한 헬멧은 일단 착용감이 좋아야 하고 가벼우며, 가능한 한 공기역학적으로 설계된 것이 좋다. 그러나 한 번 큰 충격을 받은 헬멧은 다시 착용하지 말아야 한다. 국내에서 구입 가능한 헬멧은 가격이 2만 원대에서 20만 원에 달한다. 헬멧을 선택할 때 어떤 제품이 제일 좋다고 단언하기 어렵고 일단 품질보증기관의 인증을 확인하고 직접 착용하여 착용감이 좋고 가벼운 것으로 고르는 것이 좋다. 또한 안전을 위하여 가능한 한 밝은 색상을 고르는 것도 하나의 요령이다. 다음 표는 최근에 전문잡지[63]에 기사화된 헬멧에 관한 내용을 그대로 옮긴 것이다.

제품명	가격	공기구멍 수	무게(온스)
GT Pegasus	$89	23	9.5
Trek Photon	$100	26	11.2
Giro Stelvio	$60	20	9.6
Bell Intercooler	$150	44	10.0
Giro Boreas	$150	22	9.5
Louis Garneau	$120	33	7.8
Specialized King Cobra	$140	25	9.8

3) 웨트 슈트

수영할 때 물의 온도가 22° 이하가 되면 차가움을 느끼게 되고 심할 경우 심장마비의 우려도 없지 않다. 이렇게 차가운 물에서 경기를 하게 되는 경우 웨트 슈트를 입고 경기에 임할 수 있다. 국제 경기규칙에 따르면 수온과 수영 거리에 따라 다음 표와 같이 웨트 슈트의 착용을 의무화하거나 금지시키고 있다.

---

63) 자료 : Murphy, T.J., "Helmets & Sunglasses," Triathlete, April 1999, p.66-72

수영 거리	착용 금지	착용 의무
1,500m 이하	22℃ 이상	14℃ 이하
1,501m~3,000m	23℃ 이상	15℃ 이하
3,001m~4,000m	24℃ 이상	16℃ 이하

　웨트 슈트는 두께에 따라 1.5mm와 3mm까지 다양하나 철인경기에는 두께가 얇아야만 장시간 동안 수영하기에 좋다. 하지만 얇은 것은 쉽게 찢어질 가능성도 높다. 또한 소매가 없는 형과 소매가 있는 형으로 분류할 수 있는데, 경기가 있을 장소의 수온과 개인 차이에 따라 선택할 수 있다. 국내에서는 철인경기를 위한 전문적인 웨트 슈트를 판매하는 곳은 없고, 스쿠버다이빙 전문점에서 얇은 슈트로 체격에 맞게 맞출 수 있다. 가격은 20~25만 원 정도가 된다.

■ **웨트 슈트를 구입할 때 주의할 점**[64]

　웨트 슈트를 고르는 가장 좋은 방법은 철인경기 엑스포에 자주 참여하여 여러 슈트를 입어 보고, 그중에서 고르는 것이 가장 좋다. 다음은 웨트 슈트를 고를 때 주의할 점 5가지를 기술한 것이다.

① 어떤 형태가 가장 빠른 슈트일까? 웨트 슈트를 처음 개발한 퀸타나 루(Quintana Roo)의 실험에 의하면 수영을 잘 하든 못 하든 풀 슈트(full suit, 손목과 발목까지 덮는 형태)가 가장 빠른 것으로 분석되었다. 수영훈련을 심하게 했던 철인경기 선수들 중에는 풀 슈트를 착용했을 때 물을 느끼지 못하는 것에 대해서 불만이 있지만, 그것은 개인 차이로 볼 수 있고 평균적으로 풀 슈트를 착용했을 때 가장 빠른 것으로 나타났다.

② 반면에 플로리다와 같이 덥고 습한 지역에서 경기할 때 풀 슈트를 입게 되면 너무 덥게 느껴질 수 있다. 수영복을 입고서 웨트 슈트를 착용해도 상관

64) "Five Things to Keep in Mind When Wetsuit Shopping," Triathlete, February 1999, p.64

VIII. 경기요령 및 장비

없으면 손목이 없고 무릎까지 오는 것(short suit)이 가장 편리하다. 다른 이유로서 이와 같이 짧은 슈트는 발차기를 강하고 빠르게 할 수 있어 유리하다. 퀸타나 루(Quintana Roo)에 의하면 발차기가 강한 선수는 짧은 슈트를 착용해야만 종아리를 감싸고 있는 고무 부분의 저항을 감소할 수 있다고 한다. 더불어 바꿈터에서의 시간이 물에서 온기와 속도보다 더 중요하다고 판단되면 짧은 슈트가 웨트 슈트 중에서 가장 빨리 벗을 수 있어 유리하고, 그 형태가 가장 흔해서 손쉽게 구할 수 있다.

③ 수영코치로서 명성이 있는 테리 로글린(Terry Laughlin)은 그의 수영 실습반의 실험에 의하면 효과적인 수영의 출발은 물고기와 같이 물에서 균형을 잡는 데 있다고 한다. 즉, 균형이 잡힌 선수가 가장 도전할 만하다는 것이다. 육상선수가 철인경기 선수로 전환하고자 할 때 그들의 가늘고 근육질인 다리는 물속에서 잠기게 된다. 테리 로글린(Terry Laughlin)에 의하면 긴 웨트 슈트는 다리가 물에 잠김으로 인해서 생기는 저항 대신 몸을 뜨게 해서 균형을 잡고 물을 쉽게 헤쳐나가게 하기 때문에 저항을 줄일 수 있다고 한다. 또한 그로 인해 사이클과 마라톤에서 쓸 다리의 에너지를 절약할 수 있다고 한다.

④ 가장 비싼 형태는 기술적으로 물의 저항을 가능한 한 감소시키기 위하여 가장 값비싼 재료를 사용한다. 젊은 선수들은 빠른 속도로 수영하려고 하는데 이와 같이 물과의 마찰이 감소되면 전체 속도도 빠르게 되고, 에너지의 손실도 적게 된다. 하지만 그런 계층이 아니라면 빠르게 수영할 수 있는 재료로 만든 것을 입어도 큰 효과를 기대할 수 없다. 값싼 형태라도 마찬가지이다.

⑤ 사이클을 고를 때와 마찬가지로 슈트가 잘 맞지 않으면 말짱 헛것이 된다. 또다른 유명한 수영코치 겸 철인경기 코치인 스티브 트래피니언(Steve Trapinian)에 의하면 웨트 슈트의 봉합선 주위가 피부에 쏠릴 수 있으므로 착용했을 때 그러한 것이 나타나지 않고, 편안하고 완전한 동작을 했을 때의 편안함(여유 공간이 없으면서도 산소 부족이 되지 않는 상태)을 느낄 수 있어야 한다고 말한다.

4) 심박계

심박계는 국산이 시판되고 있다. 솔라 스포츠(Solar Sports[65], 0351-871-8207)에서 서너 가지 제품을 10만 원대에서 25만 원대에 구입할 수 있다. 띠 모양으로 된 송신기를 가슴에 두르고 운동을 하게 되면 심박수에 따라 팔목에 찬 수신기에 신호음이 전달되어 운동시의 심박수를 측정할 수 있다. 최대 64분까지 측정이 가능하며, 운동범위를 정하면 하한치나 상한치를 벗어날 때 경고음을 울리게 해 운동강도를 조절할 수 있다.

5) 퓨얼 벨트(Fuel Belt)

퓨얼 벨트(Fuel Belt)라는 것은 아직까지는 우리에게 생소한 것임에 틀림없다. 철인경기는 장시간 경기를 하기 때문에 에너지원인 탄수화물을 경기 중에 공급할 필요가 있다. 특히 마지막 종목인 마라톤을 할 때는 몸에 에너지가 거의 고갈된 상태일 수도 있기 때문이다. 물론 스포츠 음료에 우리 몸에 필요한 탄수화물이 함유되어 있지만, 자신의 몸에 가장 잘 맞는 탄수화물의 섭취방법은 아닐 수도 있다. 이 점에 착안하여 허리에 찰 수 있도록 신축성이 있는 띠에 작은 플라스크(flask)를 단 것이 퓨얼 벨트이다.

국내에서 시판되고 있는지는 확인된 바 없고, 외국제품은 20불에서 30불 정도의 가격에 판매되고 있다.

65) 자료 : http://www.kita.or.kr/catalog/solar

Ⅸ. 부록

다음은 하와이 철인3종경기의 조직위원회에서 배부한 규칙을
번역한 것이다. 물론 번역한 내용을 모든 경기에 적용할 수는 없지만
국내에서 개최되는 경기에도 이를 적용할 수 있을 것으로 판단된다.
세계철인3종경기의 역사를 연도별로 기술하고 국내대회의 기록을 소개한다.
또한 1999년도에 개최될 세계철인3종경기의
예선전의 장소와 일시 및 본선 참가인원을 기술하였다.

1. 철인3종경기 규칙

1) 수영

① 모든 수영선수는 조직위원회에서 준비한 수영모를 착용해야 한다.

② 핀이나 패들 또는 스노클, 웨트 슈트, 부력기구 등은 사용할 수 없다. 슈트는 소매가 없는 것이어야 하고, 어깨와 넓적다리는 번호를 쓸 수 있도록 노출되어야 한다.

③ 고글(goggle)이나 안면보호대는 착용할 수 있다.

④ 개인적인 호위는 허용되지 않는다. 수영 코스에서는 파도타기 보드나 카약 또는 보트가 순시한다.

⑤ 수영선수는 어깨와 넓적다리에 조직위원회에서 일련번호를 쓴다. 이때 번호를 적을 부위에 선크림이나 바셀린 등을 바르면 안 된다. 씌어진 번호는 수영이 끝난 후에는 지울 수 있으나 수영 중에 지워져서는 안 된다. 조직위원만이 번호를 쓸 수 있다.

⑥ 오전 6시 55분에 출발선보다 앞서 위치한 선수는 벌점을 받는다.

⑦ 수영선수는 시합 중 코스 중에 있어야 하며, 시계방향으로 돌게 되고 부표는 우측에 두면 된다. 이를 어기면 자격을 상실할 수 있다.

⑧ 수영 중에 도움을 받으면 자격을 상실한다. 단, 출발점 근처에서 문제가 발생했을 때 출발점에 돌아와 도움을 받고 다시 출발점을 벗어나면 벌점이 부과되지 않는다.

⑨ 수영은 2시간 20분 내에 끝내야 한다. 이 시간 이내에 수영을 끝내지 못한 선수는 자동 탈락되고 나머지 코스에 임할 수 없다.

⑩ 수영을 끝내면 선수는 미리 준비된 사이클 백을 받게 되는데, 이는 수영선수의 입출을 점검하여 안전을 도모[66)]하기 위함이다.

⑪ 수영을 끝낸 후 모든 선수는 지정된 장소에서 사이클 복장으로 갈아입어야 한다. 사이클 보관장소에서 복장을 갈아입으면 그 지점이 혼잡하게 되므로, 그 장소에서 갈아입을 수 없다. 공공장소에서 옷을 벗고 경기에 임할 수 없다.

2) 사이클

① 바퀴가 나란히(tandem) 있거나, 누워서(recumbent) 타거나, 유선형(fairing) 구조이거나 솔리드(solid) 바퀴나 바퀴가 덮여 있는 등 저항을 크게 줄일 수 있는 것을 사용할 수 없다. 또한 새롭거나 이상한 형태의 사이클 역시 사이클 점검 관리자나 미국 트라이애슬론연맹의 적법한 검차를 통과해야만 경기에 사용할 수 있다.

② 절대 다른 선수의 사이클이나 차량을 뒤따라가는 행위(drafting)는 허용되

---

66) 남아 있는 백을 확인하여 아직 수영하고 있는 선수의 수를 파악하기 위함.

지 않는다. 다른 선수를 추월할 때를 제외하고는 도로의 우측편을 이용하여 주행하여야 한다. 옆으로 나란히 주행하는 것도 허용되지 않는다. 추월하는 선수는 15초까지 좌측편으로 이동할 수 있고, 추월을 끝냈거나 추월을 실패하면 즉시 우측으로 다시 돌아가야 한다. 사이클간의 거리는 추월할 때를 제외하고 10m를 유지해야 한다. 추월당한 선수가 추월한 선수를 다시 추월하려면 10m의 거리가 유지된 후 추월을 시도해야 한다. 심판들은 뒤따라가거나(drafting) 다른 선수의 진로를 방해하는(blocking) 선수에게는 3분간 섰다가 출발하게(stop-and-go) 하는 벌칙을 부여한다. 이러한 벌칙은 사이클에서 마라톤으로 전환하는 지점에서도 부여가 가능하다. 2회 이상 이러한 벌칙을 받으면 경기에서 실격된다.

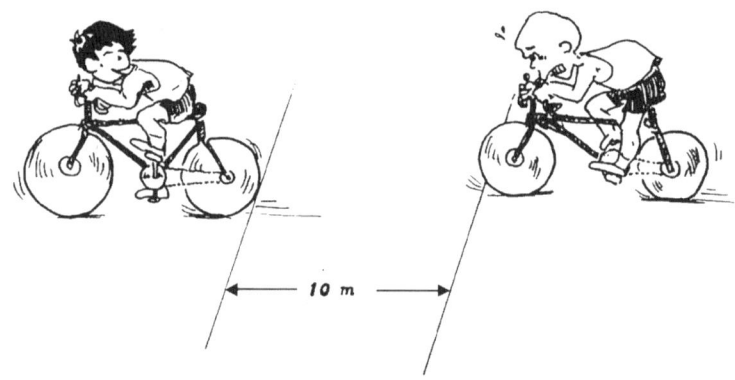

③ 신발(사이클화)은 사이클 백에 넣어두거나 페달에 장착시켜야 한다. 절대 사이클 옆에 두어서는 안 된다. 사이클 코스에서는 신발과 옷은 반드시 착용해야 한다.

④ 모든 선수는 경기 중에 반드시 부여된 일련번호표를 항상 착용해야 한다. 조직위원회에서 부여한 번호표는 경기 중에 심판들에 의해서 확인된다. 사이클 번호표는 잘 보일 수 있도록 선수의 등에 부착해야 한다. 접거나(folding) 찢거나(cutting) 혹은 어떠한 경우에도 의도적인 훼손은 절대 있어서는 안 된다.

⑤ 전체 사이클 코스와 전환점의 안팎에서도 품질보증기관(ANSI, SNELL)에서 인증된 헬멧만을 착용할 수 있다. 인증된 헬멧이 아닌 것을 착용하거나 턱끈(chin strap)이 느슨할 때는 실격당할 수 있다. 헬멧의 성능에 영향을 주는 딱딱한 부분(hardshell)의 변환도 허용되지 않는다.

⑥ 개인적인 도움을 받을 수 없다. 경기 중에는 주최측에서 충분한 보급소를 운영한다. 친구나 식구 또는 코치나 도우미 등은 절대 사이클을 타거나 차량을 이용하거나 옆에서 같이 뛸 수 없고, 선수에게 음식물이나 기타 물건을 전달할 수 없다. 이러한 행위가 적발되면 경기장 밖으로 나가도록 주의를 받고, 이에 응하지 않으면 실격된다. 도움을 받거나 따라가거나 보호받으려고 시도를 하는 선수는 즉시 실격처리되고, 그 책임은 선수에게 있다.

⑦ 각자가 준비한 음식을 담은 백은 사이클의 중간지점에 위치하고, 그 백에는 반드시 음식물만 들어 있어야 한다. 그 지정장소가 폐쇄된 이후에 가져가지 않은 백은 폐기처분된다.

⑧ 사이클의 정비와 수선에 대한 책임은 각 선수에게 있다. 조직위원회의 공인 수리팀 이외에 다른 사람으로부터 도움을 받게 되면 실격된다. 각 선수가 사이클의 고장에 대비한 준비를 하여야 한다. 공인 수리팀의 임무에 펑크난 바퀴의 교체는 포함되지 않는다.

⑨ 참가선수들은 모든 경기심판과 진행요원의 안내와 지시에 따라야 한다.

⑩ 참가선수들은 필요하다면 사이클을 타지 않고 걸을 수 있으나 사이클 없이 사이클 코스를 걸을 수는 없다. 고장이 원인이라면 참가선수들은 사이클을 타지 말고 전환점까지 걷거나 그 자리에서 머물러야 한다.

⑪ 사이클을 탄 상황에서는 개별적으로 교통법규에 따라야 하고, 위반시 결과에 대한 책임은 개인에게 있다.

⑫ 모든 사이클은 경기 전날에 검차를 받아야 한다. 조직위원들이 사이클의 상태에 따라 최종 결정을 내린다. 만약 사이클이 안전기준에 맞지 않는다면 참가선수는 경기에 참가하기 전에 문제점을 보완해야 한다. 일단 검차를 통과하면 사이클의 컴퓨터만을 덮게로 씌울 수 있고, 사이클 전체를 플라스틱(비닐) 등으로 씌우는 것은 허용되지 않는다.

⑬ 모든 선수들의 자전거는 사이클이어야 한다. 산악 자전거, 일반 자전거, 활주 궤도(coaster)가 달린 자전거 등으로 경기에 임할 수 없다.

⑭ 사이클 코스는 수영 시작 시간 후 10시간 30분에 폐쇄된다. 그 시간 이후에도 코스에 남아 있는 선수들은 경기에 탈락되고, 나머지 경기에 임할 수 없다.

⑮ 사이클이 끝나면 선수들은 본인의 마라톤 백을 받아야 한다. 이는 사이클 코스에 아직 남아서 경기 중인 선수들의 숫자를 세는 데 활용된다.

⑯ 사이클 등록은 의무적이다. 경기장소에 도착하자마자 경기 책임자를 만나서 사이클에 부착될 표시를 받아야 한다.

3) 마라톤

① 달리거나 걷거나 기는 행위를 제외한 일체의 다른 형태의 이동은 허용되지 않는다.

② 선수들은 일련번호를 항상 달고 있어야 한다. 조직위원회에서 부여된 일련번호는 경기 중 심판들에 의해서 확인된다. 번호표를 접거나 찢거나 의도적으로 훼손하는 행위는 절대 금한다. 일련번호표는 선수의 허리 위에 네 귀퉁이가 모두 고정된 채로 전면에 부착한다. 마라톤할 때는 신발과 옷을 착

IX. 부록

용해야 한다.

③ 경기에 참가하지 않는 사람이나 차량이 선수들을 개인적으로 호위할 수 없다. 이 경기는 개인경기이다. 특정 선수에게만 이득을 줄 수 있는 외부의 도움 등 팀웍은 허용되지 않는다. 충분한 보급소가 운영된다. 개인을 위한 차량이나 경기에 참가하지 않는 사람이 같이 뛰면 그 선수가 실격처리된다. 경기에 참가하지 않는 사람이라 함은 이미 경기를 포기한 선수와 실격되거나 경기를 끝낸 선수도 포함된다.
친구나 가족 또는 코치 혹은 응원단이 자전거나 차량을 이용하여 선수를 따라갈 수 없고, 음식이나 다른 물건을 전달할 수 없다. 이러한 행위가 적발되면 경기장 밖으로 완전히 나가도록 주의를 받고, 이에 응하지 않으면 실격된다. 도움을 받거나 따라가거나 보호받으려고 시도를 하는 선수는 즉시 실격처리되고, 그 책임은 선수에게 있다. 하지만 아직 경기를 끝내지 않은 선수들과 같이 뛰는 것은 허용된다.

④ 마라톤의 반환점 부근에서 각자가 미리 준비한 음식물이 든 백을 전달받을 수 있다. 이 백에는 음식물만 들어 있어야 한다. 그 지정장소가 폐쇄된 이후에 가져가지 않은 백은 폐기처분된다.

⑤ 참가선수들은 모든 경기심판과 진행요원의 안내와 지시에 따라야 한다.

⑥ 대부분의 참가선수들은 일몰 후에도 경기를 끝낼 수 없기 때문에 몸의 앞과 뒤 그리고 신발에 반사재를 반드시 부착해야 한다. 해가 질 무렵에 경기 중인 모든 선수들은 나머지 경기에 조명등을 최소한 한 개 이상 부착하고 임해야 한다.

⑦ 모든 경기는 수영 시작 시간 후 17시간까지이다. 이 시간이 경과한 뒤에도 경기 중인 선수들은 실격처리되고, 코스를 더 이상 달릴 수 없다. 코스가 폐쇄된 후에는 지원차량의 도움을 받을 수 없기 때문이다. 이때 경기를 계속하는 선수들의 모든 책임은 개인이 진다.

4) 경기 종합

① 참가선수들은 모든 경기심판과 진행요원의 안내와 지시에 따라야 한다.

② 각 코스의 심판들은 선수들을 실격처리할 수 있는 권한을 갖고 있다.

③ 의료진은 선수가 심각한 부상을 입거나 사망할 위험이 없더라도 경기를 계속할 수 없다고 판단되면 그 선수를 경기에서 제외시킬 수 있는 최종적인 권한을 갖고 있다.

④ 모든 선수들은 경기력을 향상시키거나 피로회복 또는 다른 목적으로 알코올이나 불법 또는 유해한 약물 및 자극제, 진정제 또는 이와 유사한 것을 복용할 수 없다.
미국 트라이애슬론연맹에서 제정된 의약품제한법(MCR)은 국제올림픽위원회(IOC)의 규칙과 동일하고, 경찰에 의해 사용이 금지된 약물은 모든 참가선수들에게 적용된다. 더불어 IOC에 금지된 약물로 아직 제정되지 않은 약물이라도 위와 같은 효력이 있는 것은 불법이라는 것을 명심해야 한다.
참가선수들은 경기 전후에 약물복용 여부를 위한 검사를 요청받을 수 있고, 요청이 있을 경우 그 검사에 응해야 한다. 만약 IOC나 경찰에 의해 사용이 금지된 약물에 대한 양성반응이 나타날 경우 그리고 그 약물이 행정적으로 사용 가능한 것으로 입증되지 않을 경우 위의 약물 이외의 것이라도 조직위원회의 결정에 따라 그 선수는 그 경기는 물론 향후 철인경기의 참가자격을 박탈당할 수 있다.

⑤ 사기행위, 절도, 욕을 하는 행위 및 비신사적인 행위는 실격처리의 근거가 될 수 있고, 향후 모든 철인경기의 참가자격이 박탈될 수 있다.

⑥ 참가선수가 경기를 포기하려면 반드시 본부의 운영위원에게 보고를 해야 하고 번호표는 즉시 반납해야 한다. 이는 경기 운영위원이 모든 선수들의 위치를 파악하고자 함이다. 경기를 포기한 후 운영위원에게 보고하지 않을

경우에는 향후 모든 철인경기의 참가자격이 박탈된다.

⑦ 조직위원회에서는 서면으로 모든 참가선수들에게 통보하거나 경기 전 모든 선수들이 의무적으로 참가해야 하는 집회에서 규칙을 언제든지 개정할 수 있는 권한을 갖고 있다.

⑧ 경기에 관한 훈련장소나 안전사항 및 일반적인 안내 정보에 관한 더 자세한 사항은 안내 부스로 문의하고, 부스는 경기 시작 전날까지 10일간 오전 7시부터 자정까지 운영된다.

⑨ 미국 트라이애슬론연맹에서 인증된 대회이기 때문에 조직위원회는 상금의 지불방법은 미국 트라이애슬론연맹의 모든 규칙을 따른다. 프로선수들은 연령층별 포상을 받을 수 없고, 연령층별 참가선수 역시 상금을 받을 수 없다.

⑩ 참가선수들은 미국 트라이애슬론연맹에 선수등록을 해야 한다. 참가등록시에 당일(하루) 등록도 가능하다. 프로선수로서 경기에 참가하려면 지원서에 프로선수를 증명할 수 있는 증빙서류를 첨부하여야 한다.

⑪ 수영을 제외하고 사이클과 마라톤에서 모든 선수들은 상의와 신발을 착용해야 한다.

2. 철인3종경기의 역사

철인3종경기의 시작은 사소한 술좌석의 농담으로부터 시작되었다. 1977년 2월 당시 미해군 중령이었던 존 콜린스(John Collins)는 그의 친구들과 맥주를 마시며, 사이클 선수와 달리기 선수 및 수영 선수 중에 누가 가장 멋있고 건강한 선수냐는 농담과 설전을 주고받았다. 그러던 중 차라리 와이키키 해안에서 2.4마일을 수영하고 오하우 섬을 사이클로 일주한 후 호놀룰루 마라톤을 하게 하자고 결론지었다. 1년이 지난 후, 즉 1978년에 그는 동료 14명과 함께 경기를 시작하게 되었다. 그보다 경기거리가 짧은 올림픽 코스는 미국 캘리포니아의 샌디에이고에서 수상 안전요원으로부터 시작되었다고 한다. 여기서는 아이언맨 코스에 대한 것만을 기술하였는데, 인터넷 자료[67)]에 있는 것을 그대로 번역하였고, 1996년 후반부터는 저자가 직접 저술한 것이다.

■ 1978년

미해군 중령 존 콜린스(John Collins)에 의해 창시된 철인3종경기는 기존 3가지 장거리 경기를 한 사람이 연속해서 경기에 임하게 하였다. 하와이 와이키키 해안에서 2.4마일(3.9km)의 수영과 오하우 섬을 일주하고(112마일, 180.2km, 원래는 이틀 동안), 호놀룰루 마라톤 코스를 연속해서 했는데, 15명이 참가하여 12명이 완주했다(2월 18일).

■ 1979년

1월 14일에 15명이 출발하여 12명이 완주했다. 샌디에이고 출신의 톰 워렌(Tom Warren, 35세)이 11시간 15분 56초의 기록으로 우승했다. 최초의 여성 참가자이자 홍일점이었던 보스턴 출신의 린 르마이어(Lyn Lemaire)가 12시간 55분 38초로 5위로 골인했고, 스포츠 전문잡지인 「스포츠 일러스트레이티드(Sports Illustrated)」가 소개했으며, 미친 짓(lunatic)이라고 보도했다.

■ 1980년

최초로 미국의 ABC 방송국에서 와이드 월드 오브 스포츠(Wide World of Sports) 프로그램에서 철인3종경기를 보도함에 따라 전세계에 알려졌다. 1월에 실시된 경기에 106명의 남자와 7명의 여자선수가 출전했으며, 캘리포니아 데이비스 출신 26세의 수영 코치인 데이브 스콧(Dave Scott)이 9시간 24분 33초의 기록으로 우승했다. 여자 우승은 11시간 21분 24초로 전체 12위를

---

67) 자료 : http://www.sportline.com/u/ironman

IX. 부록

차지한 로빈 벡(Robin Beck)이 우승했다. 철인3종경기는 수영-사이클-마라톤의 연속경기라는 것이 전세계에 알려졌으며, 이를 계기로 발전하기 시작했다.

■ 1981년

경기 책임자인 발레리에 실크(Valerie Silk)가 개최장소를 교통난이 심각한 호놀룰루에서 카일루아 코나(Kailua-Kona)로 옮겼으며, 각 선수 보조원의 참여 의무조항을 삭제했다.

2월 14일에 약 950명의 자원봉사자와 군중이 성원하는 가운데 326명이 경기에 참여했고, 올림픽 사이클 선수 출신인 존 하워드(John Howard)가 9시간 38분 29초의 기록으로 우승했다. 20명의 여자선수 가운데 22세의 린다 스위니(Linda Sweeney)가 12시간 32초의 기록으로 우승했으며, 참가자 중 최고령인 왈트 스택(Walt Stack, 73세)이 26시간 20분으로 완주하여 철인3종경기의 가장 늦은 공식기록으로 남게 되었다.

■ 1982년 2월

맥주회사인 버드 라이트(Bud Light)가 공식 스폰서가 되었다. 2월 경기에는 580명의 선수가 출전했으며, 그중 여자선수가 8%를 넘었다. 샌디에이고 출신의 수상경기 지도자인 스콧 틴리(Scott Tinley, 25세)가 마라톤에서 전년도 우승자인 데이브 스콧(Dave Scott)을 추월하여 9시간 19분 41초의 기록으로 우승하였다. 이 경기에서 줄리 모스(Julie Moss)가 골인지점 직전에서 급격한 체력저하로 쓰러져 골인지점까지 기어서 완주했는데, 이 장면이 전세계의 언론에 보도되어 시청자들에게 큰 감동을 주게 된 동기가 되었다. 그녀는 여자 우승자인 캐슬린 맥커트니(Kathleen McCartney, 11시간 9분 40초)보다 29초 뒤졌고, 이 경기에 호주의 그렉 레든(Greg Reddan)이 7위를 하면서 외국인이 최초로 10위 안에 들게 되었다.

■ 1982년 10월

참가자들이 좋은 기후에서 연습을 할 수 있도록 경기 날짜가 10월로 변경되었다. 제한시간이 18시간 30분으로 최초로, 이 경기부터 설정되었다. 또한 조직위원회는 경기 코스인 퀸 케이(Queen K) 도로에서 야간에 선수를 보호하기 위하여 보름달이 뜨는 날로 경기 날짜를 정했다.

미국의 데이브 스콧(Dave Scott)이 수영(50분 22초)과 코스 신기록(9시간 8분 23초)으로 우승했다. 캘리포니아 출신의 3명의 여자선수가 여자 신기록을 새로이 수립했는데, 사라토가 출신의 21세의 제니퍼 힌쇼(Jennifer Hinshaw)가 수영 신기록(53분 26초)을 세웠고, 뉴포트비치 출신의 25세의 줄리 리치(Julie Leach)가 사이클 신기록(5시간 50분 36초)을 작성했으며, 새크라멘토 출신의 35세의 샐리 에드워즈(Sally Edwards)가 마라톤 신기록(3시간 27분 55초)을 작성했다. 여자 우승은 사이클 신기록을 작성한 리치가 10시간 54분 8초로 우승했다.

■ 1983년

이 경기부터 제한시간이 17시간으로 단축되었다. 또한 본 경기의 참가를 위한 예선전이 도입되었다. 최초로 시행된 미(美) 본토 철인3종경기(Ricoh Ironman U.S. Championship)는 5월에 로스앤젤레스에서 개최되었고, 이 경기에서 남녀 우승자는 10월의 세계선수권대회의 참가자격이 부여되었다. 철인3종경기에 세 번째 참가한 데이브 스콧(Dave Scott)이 9시간 5분 57초로 우승했다.

여자부는 최초로 외국인인 캐나다의 실비안 펀토우스(Sylviane Puntous)가 코스 신기록인 10시간 43분 36초로 우승했다.

■ 1984년

그때까지 경기 책임자였던 발레리에 실크(Valerie Silk)가 경기의장으로 물러앉았고, 그 지역(Kona) 거주자인 케이 리드(Kay Rhead)를 경기 책임자로 임명하였다. 동유럽국가들이 23회 올림픽[68]을 보이코트했지만, 31세의 체코슬로바키아 출신인 벡클라브 비토벡(Vaclav Vitovec) 등 철인3종경기에 동유럽 출신의 선수들이 최초로 참가하였다.

캘리포니아 출신인 23세의 제니퍼 힌쇼(Jennifer Hinshaw)가 50분 31초로 여자 수영 신기록을 작성하였다. 데이브 스콧(Dave Scott)이 네 번

---

[68] L.A. 올림픽.

째 출전하여 8시간 54분 20초로 우승하였고, 이 기록은 최초로 9시간 벽을 깬 것이다. 여자부에서는 실비안 펀토우스(Sylviane Puntous)가 다시 우승하였고, 기록은 10시간 25분 13초였다. 최초로 국제철인3종경기 예선전이 계획되었는데, 하나는 85년 3월 24일에 뉴질랜드의 더블 브라운 아이언맨(Double Brown Ironman) 대회였고, 또 다른 하나는 85년 6월 30일 일본의 비와 호수에서의 얀마 아이언맨(Yanmar Ironman) 대회였다.

- **1985년**

대회 출전국가가 34개국이 되었고, 미국 내에서는 46개 주에서 선수가 출전했다. 스콧 틴리(Scott Tinley)가 두 번째로 우승했고, 8시간 50분 54초로 코스 신기록을 세웠다. 캘리포니아의 팔로알토 출신인 26세의 조안 언스트(Joanne Ernst)가 10시간 25분 22초로 여자부에서 우승했다. 데이브 스콧(Dave Scott)은 미국 ABC 방송국에서 중계할 때 해설자로 나서 눈길을 끌었다.

- **1986년**

최초로 상금제가 도입되었고, 36개국과 미국의 48개 주에서 선수들이 출전했다. 철인3종경기 전문잡지인 「트라이애슬리트(Triathlete)」에서 8월 중 조사한 바에 따르면 2,250명의 선수들이 참가 예정이라고 답했다.

- **1987년**

1,381명이 경기에 출전하여 제한시간인 17시간 내에 1,283명이 완주했다. 폴란드와 체코슬로바키아 등 동구권을 포함한 44개국과 미국 내 49개 주에서 선수들이 출전했다. 데이브 스콧(Dave Scott)이 8시간 34분 13초로 6번째 우승을 차지했다. 여자부에서는 뉴질랜드의 에린 베이커(Erin Baker)가 9시간 35분 25초로 신기록을 작성했다. 이 대회에서는 단체로는 처음으로 미군 팀끼리 경쟁을 했고, 미해군이 우승했다. 식품회사인 켈로그(Kellogg)에서는 프로 그레인 시리얼(Pro Grain Cereal)을 철인식단으로 소개했다.

■ 1988년

경기 책임자인 케이 리드(Kay Rhead)가 2년 동안 투병생활을 한 끝에 암으로 1월에 사망하였다. 경기의장인 발레리에 실크(Valerie Silk)는 데비 베이커(Debbie Baker)를 새 경기 책임자로 임명하였다.

1978년 초대대회에 출전하였던 15명이 10회 대회를 맞이하여 경기에 초청되었다. 에스토니아와 구 소련을 포함한 동유럽 선수들도 초청되었다. 데이브 스콧(Dave Scott)은 무릎 부상으로 경기 하루 전날 포기했고, 여자부에서는 폴라 뉴비프레이저(Paula Newby-Fraser)가 최초로 사이클을 5시간 벽을 허물고 9시간 1분 1초로 우승했다. 터미네이터로 불리우는 스콧 몰리나(Scott Molina)가 8시간 31분으로 처녀 우승을 차지했고, 서독의 로스(Roth)에서는 철인3종경기 유럽 선수권대회를 개최하여 하와이 세계대회를 위한 네 번째 예선대회가 되었다.

■ 1989년

철인3종경기의 두 거물인 데이브 스콧(Dave Scott)과 마크 앨런(Mark Allen)이 8시간 동안 접전이 계속된 대회이다.

결국 나중에 6차례 우승한 앨런이 그 전 경기에서 겪었던 탈수와 극도의 피로 및 기술적인 문제를 극복하고 골인지점을 불과 2마일 남겨놓고 스콧을 앞서 나가 8시간 9분 15초의 신기록으로 우승했다. 스콧은 58초 늦은 8시간 10분 13초에 골인했다. 두 사람은 1986년에 데이브 스콧(Dave Scott)이 기록한 코스 신기록인 8시간 28분 37초를 깨뜨렸다. 이 경기에서 마크 앨런(Mark Allen)은 2시간 40분 04초로 마라톤 신기록도 작성했다. 여자부에서는 폴라 뉴비프레이저(Paular Newby-Fraser)가 자신이 88년에 세운 신기록을 5초 단축한 9시간 56초로 우승했다. 이 경기에서 그녀는 1988년 그녀가 작성한 마라톤 기록을 2분이나 앞당겼다. 여자부 2위는 9시간 21분 55초로 캐나다의 실비안 펀토우스(Sylviane Puntous)가 차지했다. 1988년에는 10명에 불과했지만 이 대회에서 33명(미국을 제외한 국가 선수들의 반 이상)의 외국선수들이 9시간 벽을 허물었다. 처녀 출전한 유고슬라비아와 서사모아 선수를 포함하여 49개국과 미국의 49개 주에서 선수들이 출전했다.

IX. 부록

■ 1990년

경기의장인 실크는 대회 주최권을 노장 철인3종경기 선수인 미국 플로리다 출신의 짐 길스(Jim Gills) 박사에게 팔았다. 길스 박사는 World Triathlon Corporation(WTC)과 철인재단을 설립하여 서부 하와이 주민들을 위한 자선사업을 시작했다. 여자부의 상금이 50% 증액되었다. 또한 WTC는 철인3종경기의 월드시리즈를 기획하고, 프로선수들에게는 국제대회를 순회하게 한 후 하와이 대회를 시즌 마감 대회로 참가하게 했고, 전체 상금은 45만 불로 책정되었다. 하와이에서는 공항 쪽의 교통난을 해소하기 위하여 코스를 약간 변경하였는데, 앨리 드라이브(Alli Drive)의 남단과 하와이 자연자원연구소로 통하는 도로를 추가하였다(Course Map 참조). 데이브 스콧(Dave Scott)이 부상으로 경기에 참여하지 않은 상황에서 마크 앨런(Mark Allen)이 높은 온도와 거친 앞바람을 극복하고 8시간 28분 16초로 그의 두 번째 우승을 차지했다. 여자부에서는 뉴질랜드의 에린 베이커(Erin Baker)가 9시간 13분 42초의 기록으로 전체 19위로 골인하면서 역시 그녀의 두 번째 우승을 차지했다.

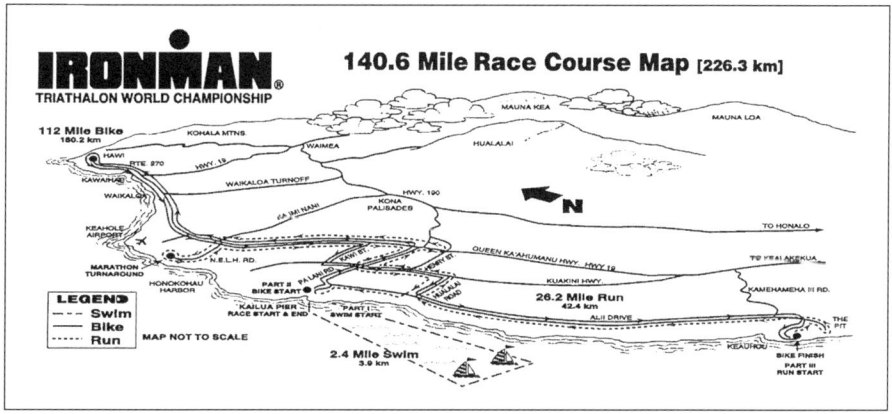

▲ Course Map

■ 1991년

마크 앨런(Mark Allen)이 호주의 그렉 웰츠(Greg Welch)와 펜실베이니아 출신의 제프 데블린(Jeff Devlin)의 도전을 뿌리치고 8시간 18분 32초

211

의 기록으로 세 번째 연속 우승을 거머쥐었다. 여자부에서는 철인경기 역사에 빠질 수 없는 폴라 뉴비프레이저(Paula Newby-Fraser)가 9시간 7분 52초로 전체 26등을 기록하며 네 번째 우승을 차지했다. 코나에서 6차례 우승한 데이브 스콧(Dave Scott)만이 4차례 우승한 뉴비프레이저(Newby-Fraser)를 능가하는 선수로 남게 됐다.

경기 외적인 요소로서 몇 가지 중요한 발전이 있었는데, 호주 대회가 5번째 국제대회가 되었고, 음료회사인 게토레이드(Gatorade)가 5년간 주된 스폰서로 계약하였으며, 미국 NBC 방송국에서 최초로 TV중계를 했는데, 90분짜리 프로그램을 7백만 명이 시청했다.

■ 1992년

데이비드 예이츠(David Yates)가 WTC의 사장으로 취임하였고, 샤론 액클리스(Sharron Ackles)가 실질적인 경기 책임자로 내정되었다. 이 해의 경기는 전례 없이 빠른 가장 치열한 경기를 펼쳤다. 이미 3회나 우승한 마크 앨런(Mark Allen)이 선두 다툼을 벌이는 4명 중 1명이었고, 사이클의 기록을 깬 독일의 위르겐 작(Jürgen Zack)도 선두그룹을 유지했었다.

마라톤에서는 칠레의 그리스티앙 부스토스(Cristian Bustos)와 앨런이 경합을 벌였다. 하지만 캘리포니아의 캐디프 출신의 앨런(34세)이 반환점 부근에서 선두로 나서 8시간 9분 8초에 골인함으로써 예전에 없었던 4회 연속 우승자가 되었다. 그뿐 아니라 미국 콜로라도와 캘리포니아의 엔시니타스에 사는 짐바브웨의 폴라 뉴비프레이저(Paular Newby-Fraser, 30세)는 그녀가 갖고 있던 기록을 5분이나 단축하며, 마의 9시간 벽을 깬 8시간 55분 28초의 기록으로 우승했다. 한편 스콧 틴리(Scott Tinley)는 한 해에 세 번 연속 철인 월드시리즈에서 우승했다.

■ 1993년

마크 앨런(Mark Allen)과 폴라 뉴비프레이저(Paula Newby-Fraser)가 다시 우승함으로써 그들의 위업을 다시 한 번 증명했다. 캘리포니아의 캐디프에 사는 앨런은 핀란드 출신의 파울리 키우루(Pauli Kiuru)의 맹렬한 추격을 따돌리고 다섯 번째 우승을 차지했다.

IX. 부록

사이클 코스의 신기록을 다시 쓰게 한 독일의 위르겐 작(Jürgen Zack)도 만만치 않았지만 앨런은 키우루를 마라톤 반환점에서 따돌리고 8시간 7분 45초의 기록으로 우승했다. 뉴비프레이저는 다리에 부상이 회복되자마자 출전한 이 대회에서 자신이 보유하고 있던 사이클 기록을 경신했고 마라톤 기록은 두 번째인데 기록은 8시간 58분 23초였으며, 이 기록은 자신이 세운 1992년 기록에 약간 처진 것이었다. 그녀만이 유일하게 9시간 벽을 허문 여자선수였다. 그녀는 3년 연속 우승자는 물론 데이브 스콧(Dave Scott)과 함께 6차례 우승자가 된 것이다. 1992년 경기 모습을 담은 미국의 NBC 방송사는 카메라 부문에서 에미(Emmy)상을 수상받았다.

또한 이 해에 최초로 경기 장면이 위성을 통해서 전세계에 중계되어, 2억 이상의 인구가 시청하였다. 또 다른 중요한 것은 이 해에 철인 영예의 전당이 건립되었고, 여기에 데이브 스콧(Dave Scott)이 최초로 등록되었고, 철인3종경기 월드시리즈에 프로선수권이 신설되었다.

■ **1994년**

폴라 뉴비프레이저(Paular Newby-Fraser)가 남녀를 통틀어 최초로 7회 우승한 유일한 선수일 뿐만 아니라 4회 연속의 위업까지 달성했다. 나이 40세에 5년간의 공백을 깨고 코나로 돌아온 데이브 스콧(Dave Scott)은 뉴비프레이저와 같이 7회 우승자가 될 뻔했으나 1982년 2위를 차지한 줄리 모스(Julie Moss)와 같이 아깝게 2위로 골인했다. 스콧을 추월한 선수는 호주의 그렉 웰츠(Greg Welch)였으며, 최초로 우승을 차지했다. 그는 1988년에 처음 출전하여 우승을 다짐하게 되었고, 일곱 번의 출전만에 우승하게 되었다. 우승 후에 그는 "드디어 나의 소원을 이루게 되었다."라고 말했다.

경기 외적인 부문에서는 철인경기를 중계한 미국의 NBC사가 두 번째로 작품 부문의 에미상을 수상받았다. 그로 인해 NBC사에서는 기꺼이 1995년부터 1997년까지 3년간 주방송사로 계약하게 되었다. 운동구사인 리복(Reebok)사가 철인경기 스폰서로 추가되었다. 또한 이해 초에 모스가 두 번째 철인 영예의 전당에 등록되었다.

■ 1995년

1년간의 공백을 깨고 세계철인3종경기대회에 참가한 마크 앨런(Mark Allen)은 처녀 출전한 독일의 토마스 헬리겔(Thomas Hellriegel)을 마라톤에서 13분 차이로 따돌리고 7년간 6회 우승의 위업을 달성했다. 여자부에서는 더 치열했다고 말할 수 있다. 카렌 스마이어(Karen Smyers)는 골인지점을 불과 1/4마일(약 400m) 남겨놓고 체력이 소진된 뉴비프레이저를 추월하여 그녀의 4년 연속 우승에 제동을 걸었다. 이 경기에서 뉴비프레이저는 사이클에서 11분이나 앞서 끝냈으나 스마이어는 역대 여자부 마라톤 기록 중 두 번째로 좋은 기록인 3시간 5분 20초로 골인한 것이다. 경기 당일의 조건은 역대 경기 중 최악이었는데, 사이클 코스의 앞바람은 평균시속 40마일(64 km/h) 정도였다. 이와 같은 악조건으로 10명의 70세 이상 선수들이 모두 포기하게 되었고, 미시간 마킷 출신인 68세의 빌 앨브레츠(Bill Albrecht)가 15시간 34분 25초의 기록으로 이 대회 최고령 완주자가 되었다. 또한 호주 시드니 출신의 존 맥클린(John Maclean, 34세)은 휠체어를 타고 전코스를 완주한 최초의 선수로 탄생한 것이다. 비록 그는 사이클 제한시간인 11시간 30[69]분까지 통과하지는 못했으나 장애인도 철인3종경기를 할 수 있다는 것을 증명한 것이다. 또 다른 주목할 만한 선수는 전 미국 프로 풋볼 선수인 다엘 헤일리(Darrl Haley)가 완주했는데, 그는 6피트 5인치(195cm)의 키에 체중은 무려 300파운드(135kg)나 나간다. 그는 제한시간인 17시간을 불과 15분 남기고 골인지점을 통과했는데, 그는 완주자 중 가장 거구로 기록되었다.

■ 1996년

경기 외적인 여러 가지 중요한 사안들이 있었다. 마크 앨런(Mark Allen)은 철인경기는 좋지만 마지막 철인경기가 될 것이며, 더 이상 우승할 수 없을 것이라고 언급했다. WTC는 아이언맨 프로퍼티즈(Ironman Properties)라는 회사를 설립하여 철인인증 및 마케팅 분야를 분담시켰다. 이 회사는 피알 뉴트리션(PR Nutrition)과 리복(Reebok) 및 자전거회사인 후피(Huffy) 등과 철인상표 사용권에 대한 계약을 체결했다.

---

69) 현재는 오후 5시 30분까지, 즉 수영 시작으로부터 10시간 30분 이내에 마쳐야 함.

IX. 부록

▲ 남녀 최초로 8회 우승한 폴라 뉴비프레이저(Puala Newby-Fraser)의 골인 모습

　이와 같이 철인상표에 대한 인지도가 높아짐에 따라 WTC 사장인 데이비드 예이츠(Dave Yates)는 세계철인3종경기를 더 이상 한 회사와 대표적인 스폰서 계약을 하지 않겠다고 공언했다. 그는 "이와 같은 선언이 철인에 대한 인지도를 높이고 우리(철인)의 상표를 더 높이 평가받기 위한 중대한 노력이다."라고 말했다. 미국 NBC 방송국의 철인경기 프로그램은 가장 훌륭한 일일(一日) 경기로서 다시 또 에미상의 4개 부문의 후보로 선정되었다.
　지난 4년 동안 NBC사의 철인경기 프로그램은 12회의 에미상 후보에 올랐고 1993년 이래로 매해 1개 부문에서 에미상을 수상받았다. 코나 대회를 준비하면서 조직위원회에서는 총상금을 25만 불로 상향 조정했고, 남녀 우승자는 3만 5천 불로 상금을 책정했다. 남자부에서는 벨기에의 룩 밴 리드(Luc Van Lierde, 27세)가 코스 신기록인 8시간 4분 8초로 우승하였고, 2위는 독일의 토마스 헬리겔(Thomas Hellriegel, 25세)이 8시간 6분 7초를 기록하였고, 3위는 호주의 그렉 웰츠(Greg Welch, 31세)로 8시간 18분 57초였다. 여자부에서는 캘리포니아 출신의 폴라 뉴비프레이저(Paula Newby-Fraser, 34세)가 9시간 6분 49초로 8차례 우승의 대위업을 달성하였고, 2위는 독일의 나타샤 바트만(Natascha Badmann, 29세)이 9시간 11분 19초, 3위는 매사추세츠 출신의 카렌 스마이어(Karen Smyers, 35세)가 9시간 19분 13초를 기록하였다. 이 대회에서 데이브 스콧(Dave Scott)은 5위를 기록하였다.

■ 1997년

남자부는 독일이, 여자부는 캐나다 선수들이 휩쓴 경기였다. 1996년도에 2위에 그쳤던 독일의 토마스 헬리겔(Thomas Hellriegel)은 마라톤에서 사이클의 귀재라고 불리우는 같은 독일의 위르겐 작(Jürgen Zack)을 추월하여 8시간 33분 1초의 기록으로 우승했고, 위르겐 작(Jürgen Zack)은 8시간 39분 18초로 2위를 했으며, 역시 독일의 로타 레더(Lothar Leder)가 8시간 40분 30초로 3위로 골인했다.

여자부는 캐나다의 헤더 퓨어(Heather Fuhr)가 9시간 31분 43초로 우승했으며, 같은 나라의 로리 보우던(Lori Bowden)이 9시간 41분 42초로 준우승했다. 3위는 브라질의 페르난다 켈러(Fernanda Keller)가 9시간 50분 2초로 골인했고, 1996년 여자부 2위를 차지한 나타샤 바트만은 중간에 경기를 포기했다.

■ 1998년

최초로 남자부에서 캐나다 선수가 우승했다. 1998년도 호주 철인경기 우승자이자, 1997년도에 이 대회에서 4위에 그쳤던 피터 리드(Peter Reid, 29세)는 8시간 24분 20초의 기록으로 우승했는데, 그는 마라톤에서 작년도 우승자인 독일의 토마스 헬리겔(Thomas Hellriegel)과 2위를 차지한 위르겐 작(Jürgen Zack)을 따돌리고 골인했다. 벨기에의 룩 밴 리드(Luc Van Lierde, 29세)는 8시간 31분 57초로 2위를 차지했고, 1997년에 3위를 했던 독일의 로타 레더(Lothar Leder)가 다시 8시간 32분 57초로 다시 3위로 골인했다. 여자부에서는 국적을 독일에서 스위스로 바꾼 나타샤 바트만

(Natascha Badmann, 31세)이 9시간 24분 16초의 기록으로 우승했고, 남자부 우승자인 피터 리드(Peter Reid)와 약혼한 관계인 캐나다의 로리 보우던(Lori Bowden, 31세)이 9시간 27분19초로 2위를 기록했다. 3위는 1997년도에 3위를 차지했던 브라질의 페르난다 켈러(Fernanda Keller)가 차지했다.

한편, 이번 대회에서는 수영 코스 신기록이 작성되었는데, 미국의 라스 요르겐젠(Lars Jorgensen, 28세)이 46분 41초를 기록했으나 경기를 끝내지는 못했고, 웬디 잉글레햄(Wendy Ingraham)은 49분 11초로 자신이 갖고 있던 기록을 갈아치웠다. 또한 1997년도 여자부 우승을 차지했던 헤더 퓨어(Heather Fuhr)가 3시간 4분 2초로 여자부 마라톤 신기록을 새로이 수립했다.

1998년 말 현재 각 종목별 및 전체 최고 기록을 보유한 선수와 그들의 기록 및 수립 연도는 다음과 같다.

	성별	이름	기록	수립연도
수영	남	라스 요르겐젠(Lars Jorgensen)	46:41	1998
	여	웬디 잉글레햄(Wendy Ingraham)	49:11	1998
사이클	남	토마스 헬리겔(Thomas Hellrigel)	4:24:50	1996
	여	폴라 뉴비프레이저(Paula Newby-Fraser)	4:48:30	1993
마라톤	남	마크 앨런(Mark Allen)	2:40:04	1989
	여	에린 베이커(Erin Baker)	3:04:13	1990
전체	남	룩 밴 리드(Luc Van Lierde)	8:04:08	1996
	여	폴라 뉴비프레이저(Paula Newby-Fraser)	8:55:28	1992

한편 98년도 하와이 세계대회에 참가한 선수들의 평균기록은 12시간 3분 50초로 나타났고, 남자 평균은 11시간 56분 46초, 여자 평균은 13시간 28

분 38초로 조사되었다. 참가선수들의 평균 나이는 남자가 36.5세, 여자는 36세였고, 경기를 하다가 포기한 선수는 남자가 9.35%, 여자가 11.27%로 나타났다.

3. 국내의 철인3종경기 기록

국내의 경기기록은 1998년에 일본선수인 하마노 다카히로(Hamano Takahiro)가 기록한 9시간 13분 54초가 대회기록이고, 국내선수로는 1997년에 여창재 선수가 9시간 54분 10초를 기록했다. 여자부의 기록은 1998년 일본선수인 나토리 게이코(Natori Keiko)가 기록한 12시간 28분 56초가 대회기록이고 국내선수로는 같은 해에 김정숙 선수가 12시간 50분 7초를 기록했다. 한편 세계기록과 비교하면 남자부는 1997년에 벨기에 선수인 룩 밴 리드(Luc Van Lierde)가 유럽 선수권에서 기록한 7시간 50분 27초로서 국내 최고기록과 2시간 4분 정도의 차이를 보이고 있고, 여자부는 1992년 미국의 폴라 뉴비프레이저(Paula Newby-Fraser)가 세운 8시간 55분 28초로서 국내기록과는 3시간 55분 정도의 차이를 보이고 있다. 하지만 해가 거듭될수록 경기 참가자가 늘고 있고, 기록도 많이 단축되고 있어 큰 기록단축이 기대된다. 1998년까지 등록된 국내의 철인은 여성 5명을 포함하여 총 188명이다.

4. 세계철인3종경기 예선

99년에는 미국에서 4월 25일 플로리다 대회를 시작으로 12대회가 개최될 예정이며, 국제대회는 3월 6일 뉴질랜드 대회를 시작으로 8개국에서 개최된다. 이와 같이 예선전을 거친 선수와 추첨을 통해서 선발된 약 1,500여 명의

IX. 부록

선수들이 1999년 10월 23일 하와이 철인3종경기에 참가하게 된다. 즉, 이 대회는 한 시즌을 마감하는 대회인 것이다. 다음은 99년에 개최되는 미국 내 예선일정과 국제 예선대회를 소개하고 99년부터 변경된 추첨선발 요강을 제시한 것이다.

1) 미국 내 예선(99년)

① St. Anthony's Triathlon(수영 0.93마일, 사이클 24.8마일, 마라톤 6.2마일) — 4월 25일, 플로리다, 본선행 : 연령층별 22명, 프로 3명

② Wildflower Long Course Triathlon(수영 1.2마일, 사이클 56마일, 마라톤 13.1마일) — 5월 1일, 캘리포니아, 본선행 : 연령층별 28명, 프로 15명

③ Gulf Coast Triathlon(수영 1.2마일, 사이클 56마일, 마라톤 13.1마일) — 5월 8일, 플로리다, 본선행 : 연령층별 28명, 프로 2명

④ Memphis in May Triathlon(수영 0.93마일, 사이클 24.8마일, 마라톤 6.2마일) — 5월 23일, 테네시, 본선행 : 연령층별 26명, 프로 6명

⑤ Keauhow Kona Triathlon(수영 1.2마일, 사이클 56마일, 마라톤 13.1마일) — 5월 30일, 하와이, 본선행 : 연령층별 25명

⑥ Blackwater EagleMan Triathlon(수영 1.2마일, 사이클 56마일, 마라톤 13.1마일) — 6월 6일, 메릴랜드, 본선행 : 연령층별 25명

⑦ Buffalo Springs Lake Triathlon(수영 1.2마일, 사이클 56마일, 마라톤 13.1마일) — 6월 27일, 텍사스, 본선행 : 24명, 프로 2명

⑧ Vineman & Half Vineman Triathlon(수영 2.4마일, 사이클 112마일, 마라톤 26.2마일) — 7월 31일, 캘리포니아, 본선행 : 33명, 프로 5명

⑨ Boulder Peak Triathlon(수영 0.93마일, 사이클 24.8마일, 마라톤 6.2마일) — 8월 1일, 콜로라도, 본선행 : 연령층별 20명

⑩ Ironman USA Lake Placid Triathlon(수영 2.4마일, 사이클 112마일, 마라톤 26.2마일) — 8월 15일, 뉴욕, 본선행 : 연령층별 65명, 프로 15명

⑪ Bay State Triathlon(수영 1마일, 사이클 38마일, 마라톤 9.5마일) — 8월 22일, 메사추세츠, 본선행 : 연령층별 15명

⑫ Mrs. T's Chicago Triathlon(수영 0.93마일, 사이클 24.8마일, 마라톤 6.2마일) — 8월 29일, 일리노이드, 본선행 : 연령층별 27명, 프로 2명

2) 국제 예선대회(99년)

① Ironman New Zealand Triathlon : 3월 6일, 뉴질랜드 Taupo

② Ironman Australia Triathlon : 5월 2일, 호주 Forster/Tuncurry, N.S.W.

③ Lanzarote Ironman Triathlon : 5월 22일, 스페인 Lanzarote, Canary Islands

④ Ironman Pao de Acucar : 5월 30일, 브라질 Porto Seguro

⑤ Quelle Ironman Europe Triathlon : 7월 11일, 독일 Roth

⑥ Ironman Austria Triathlon : 7월 18일, 오스트리아 Klagenfurt

⑦ Ironman Switzerland : 8월 1일, 스위스 Zurich

⑧ Ironman Canada Triathlon : 8월 29일, 캐나다 Penticton, B.C.

3) 추첨 선발[70]

위와 같은 예선전을 거쳐서 본선에 출전하는 방법과 추첨을 통해서 본선에 진출하는 방법이 있는데, 추첨은 매년 5월 1일에 시행하고 150명이 이 방법으로 본선에 출전할 수 있다. 이 방법은 1983년부터 시행되어 1998년까지는 미국인만 선발될 수 있었다. 선발을 원하는 미국인은 3월 31일까지 지원서를 제출해야 하는데, 1998년의 경우 약 3,000명이 지원했다. 이 방법에 의해 선발된 선수는 미국 내 예선에서 완주한 사람에게만 본선 출전권이 주어졌다. 완주하지 못한 사람은 선발에서 제외되었다. 하지만 1999년부터는 미국인을 제외한 외국인도 75명을 추첨으로 선발하고 있다. 2월 28일까지 우편으로 신청하고 3월 31에 추첨하여 선발한다. 신청시 지난 1년간의 출전경력을 서면으로 같이 제출해야 하고 35불의 수수료를 동봉해야 하며, 선발되면 5월 15일까지 265불의 출전료를 납부해야 한다. 올해 처음 시행하는 추첨선발은 미국인들만 하는 추첨보다 경쟁이 치열할 것으로 예상된다. 국내 선수가 추첨 선발되면, 하와이 본선에 출전하기 전에 국내대회에서라도 완주한 경험이 있어야 한다.

---

70) 자료 : http://www.ironmantri.com/

참고문헌

1. Internet Site Address

[marathon.chosun.com/class](조선일보 마라톤 교실)

[members.aol.com/hattrick11/work.htm]

[www.bpr.com/triathlon/aerodyna.htm],

[www.bpr.com/triathlon/fuels.htm], High Octane Sports Fuels

[www.bpr.com/triathlon/hydrating.htm], Hydrating in the Heat

[www.cervelo.com/article5.html], Aerodynamics of Cycling by Jim Martin

[www.greatdoors.com/velonews/training/friel/archive/1997/vn6/index.htm], Designing Your Annual Training Plan

[www.hulaman.com/nutri.html]

[www.krs.hia.no/~stephens/runpred.htm], Prediction Formula For Distance Running Events

[www.krs.hia.no/~stephens/pretest.htm], Update on the Running Time Prediction Formula

[www.rooworld.com/fit_set-up], The Triathlete's Bike Fit & Set-up

[www.sportscoach.com.au], Online Sports Coaching - Training Tips

[www.sportline.com/u/ironman/athletes/ath_a.html]

[www.sportsline.com/u/ironman/history/his_a], Ironman Full History

[www.triclub.com/training/open_wtr], Swimming Tips, Open Water Swimming

2. 서적

윤창구·최흥식 공역, Bob Anderson 원저, 스트레칭 운동, 대학서림, 1993

한국인 영양권장량, 한국영양학회, 1995

Carmichael, C. and E.R Burke, Fitness Cycling, 1994

Ironman Triathlon Championship Contestant Information Guide, 1998

Scott, Dave, Triathlon Training, 1986

Town, G. and T. Kearrney, Swim, Bike, Run, 1994

3. 잡 지

"Five Things to Keep in Mind When Wetsuit Shopping," Triathlete, February 1999, p.64

Goulet, E., "No Mirage: Glycerol Hyperhydration Works," Triathlete, October 1998, p.74-75

Laughlin, T., "Ironman Swim," Triathlete, October 1998, p.72

Mickleborough, T., "Blood, Sweat, and Millimoles," Triathlete, February 1999, p.54

Mickleborough, T., "Exercise Physiology," Triathlete, Janurary 1999, p.46-48

Mickleborough, T., "Post-Ironman Recovery," October, 1998, p.68-71

Murphy, T.J., "Helmets & Sunglasses," Triathlete, April 1999, p.66-72

Murphy, T.J., "The Essential Guide to Sports Drinks," Triathlete, October 1998, p.64

Murphy, T.J., "Tool Kit for the Great Indoors," Triathlete, November 1998, p.30

Turner C.V., "Answers to the Three Toughest Questions When Choosing a TriBike," Triathlete, October 1998, p.86

Turner, C.V., "Winter Bike Maintenance Overhaul," Triathlete, November 1998, p.60-61

인류 최후의 스포츠
철인3종경기

편저자 • 강승규
펴낸이 • 김철영
펴낸곳 • 전원문화사

✉ 157-033 서울 강서구 등촌3동 684-1
　　　　　에이스 테크노타워 202-2호
☎ 6735-2100~2　📠 6735-2103

등록 • 1977. 5. 23. 제 6-23호
1판 2쇄 • 1999. 12. 15.

Copyright ⓒ1999, by Seung-kyu Kang
Printed in Seoul, Korea

정가 • 8,000원

ISBN 89-333-0142-9 03690

* 저자와의 협약에 의해 인지는 생략합니다.
* 잘못된 책은 바꾸어 드립니다.